同族会社の
税務トラブルを防止する！

社内規程等の作成と改定

税理士法人 熊谷事務所 編著

清文社

はじめに

　国税庁が公表する「会社標本調査」によると、日本の法人のうち同族会社の占める割合は96％であるとされています。また、その同族会社のうち、資本金が1億円未満の中小企業が99％を占めています。

　この中小企業である同族会社が、大企業の下請けまたは孫請けとなり、まさに日本経済の礎となっているといえます。

　このような日本の企業の中で、大企業では、会社法および金融商品取引法により内部統制が制度化されており、社内における内部牽制機能が働いています。一方、同族会社である中小企業では、内部牽制機能が軽視され、オーナー単独の判断で各種の重要な決定がなされてしまう傾向にあり、ときには恣意性を含み、また自分に有利な判断をする場合も見受けられます。

　しかし、単独での判断や恣意性を含んだ有利な判断は、税務において租税回避と判断されたり、租税回避ではなくても経済的に不合理な取引等とみられる場合があります。

　そのような税務のトラブルを防止する観点から社内規程や議事録等の社内文書を作成・整備し、会社が不利益を被らないために代表的な事例を掲げ、本書を執筆しました。

　本書が、同族会社やその役員・従業員の業務に役立ち、さらなる発展に結びつけていただければ幸いです。

平成29年1月

税理士法人　熊谷事務所
代表社員　会長　熊谷　安弘
代表社員　所長　吉岡　幸治

目次

はじめに

序章

1 多種多様な社内規程　2
2 規範としての社内規程　3
3 税務対策としての社内規程　5
4 本書の構成　7

第Ⅰ章　資産・負債に関する社内規程等

1 現金・預金 …………………………………………………… 13
　1-1 横領の防止　13
2 受取手形・売掛金 …………………………………………… 20
　1-2 脱税幇助の防止　20
3 商品・製品 …………………………………………………… 26
　1-3 長期滞留在庫等の取扱い　26
4 貸付金 ………………………………………………………… 32
　1-4 貸付利率の設定　32
5 立替金・仮払金 ……………………………………………… 38
　1-5 被相続人に対する債権の取扱い　38

6 減価償却資産 ………………………………………………………… 42
1-6 事業供用日の確認　42

7 支払手形・買掛金 ………………………………………………… 47
1-7 過大仕入と私的なマージン（横領）　47

8 借受金・預り金 …………………………………………………… 52
1-8 仮勘定の管理　52

第 II 章　売上・仕入に関する社内規程等

1 売上高 ………………………………………………………………… 60
2-1 売上高の見積計上　60
2-2 売上高の除外　64

2 売上値引 ……………………………………………………………… 69
2-3 売上値引の確認ルール　69

3 仕入高 ………………………………………………………………… 73
2-4 単価未確定の仕入　73

4 期末仕掛品・期末棚卸 …………………………………………… 77
2-5 売上原価の処理・仕掛品の棚卸の確認ルール　77
2-6 棚卸資産の確認ルール　82

第 III 章　人件費に関する社内規程等

1 役員報酬 ……………………………………………………………… 89
3-1 支給額決定のルール　89
3-2 勤務実態のない役員報酬　93
3-3 分掌変更による役員報酬の臨時改定　97

2 給与手当 ·· 102
- **3-4** 委任契約型の執行役員制度　102

3 賞与 ·· 106
- **3-5** 従業員の決算賞与　106
- **3-6** 使用人兼務役員に対する賞与　110

4 退職金 ·· 115
- **3-7** 過大役員退職金の取扱い　115
- **3-8** 役員退職慰労金の分割支給　119
- **3-9** 役員退職慰労金規程の整備　123
- **3-10** 使用人から執行役員への昇格　128
- **3-11** 役員退職慰労金の損金算入時期　133
- **3-12** 分掌変更時の退職慰労金の支給　138
- **3-13** 役員の死亡退職金と弔慰金　142

第Ⅳ章　その他の経費に関する社内規程等

1 福利厚生費 ··· 152
- **4-1** 役員・従業員への食事の支給　152
- **4-2** 従業員割引販売制度　158
- **4-3** お祝い金等の支給　162
- **4-4** 会社保養施設の利用　166
- **4-5** 借上げ社宅の利用　170
- **4-6** 制服の貸与　175

2 教育研修費 ··· 179
- **4-7** 仕事への必要性判断ルール　179

3 通勤費 ·· 185
- **4-8** 役員・従業員への通勤費の支給　185

4 旅費交通費 ……………………………………………………………… 191
- **4-9** 出張計画・出張報告等　191

5 交際費 ……………………………………………………………………… 200
- **4-10** 1人あたり5,000円以下の飲食費　200
- **4-11** 売上割戻しと交際費　204
- **4-12** 贈答用商品券の管理　209

6 会議費 ……………………………………………………………………… 214
- **4-13** 会議に伴う飲食　214

7 保険料 ……………………………………………………………………… 219
- **4-14** 従業員を対象とした定期保険　219

8 事務用消耗品費 ………………………………………………………… 224
- **4-15** 事務用消耗品費と貯蔵品　224

9 貸倒損失 ………………………………………………………………… 228
- **4-16** 金銭債権の管理　228

10 修繕費 …………………………………………………………………… 233
- **4-17** 修繕費の損金計上の時期　233

11 支払手数料 ……………………………………………………………… 237
- **4-18** 情報提供料の支払い　237

第Ⅴ章　営業外損益・特別損益に関する社内規程等

1 固定資産除却損 ………………………………………………………… 244
- **5-1** 固定資産の有姿除却　244

2 固定資産売却損益 ……………………………………………………… 248
- **5-2** 社長への売却と売却金額の妥当性　248

3 投資有価証券評価損 …………………………………………………… 253
- **5-3** 株価が回復する可能性の判断　253

凡　例

■法令等の略語

法人税法 ………………………………………………………	法法
法人税法施行令 ………………………………………………	法令
法人税基本通達 ………………………………………………	法基通
所得税法 ………………………………………………………	所法
所得税法施行令 ………………………………………………	法令
所得税基本通達 ………………………………………………	所基通
相続税法 ………………………………………………………	相法
相続税法基本通達 ……………………………………………	相基通
租税特別措置法 ………………………………………………	措法
租税特別措置法施行令 ………………………………………	措令
租税特別措置法施行規則 ……………………………………	措規
租税特別措置法関係通達 ……………………………………	措通
国税通則法 ……………………………………………………	通則法

＊表示例：法人税法第33条第2項第1号 ……… 法法33②一

※本書は平成29年1月現在の法令等によっています。

社内規程の意義と本書の構成

1 多種多様な社内規程

　本書は、営利を目的とする株式会社が税務トラブルを未然に防ぐために社内規程を作成し、それを改定することを想定して執筆しました。どんな会社にも歴史があり、一口に会社といっても社内規程に対するニーズは様々だろうと思います。

　日本の企業の99％が中小企業といわれていますが、同じ中小企業でもオーナー型の会社もあれば大企業の子会社もあります。また、創業間もない会社もあれば30年、50年と続いている歴史ある会社もあります。

　それぞれの会社には社内規程を含む様々なルールがあると思いますが、その特徴は次のようなものではないでしょうか。

会社のタイプ	特　徴
オーナー型の会社	■ 指示・命令がトップダウンである。 ■ 社内規程よりもトップの意向が重視されがちである。 ■ 時として公平に欠ける場合がある。
現場先行型の会社	■ 現場の口約束が先行される。 ■ 契約書等の書類が後追いまたは作成されない。 ■ 上司の承諾が後追いまたはない。
大企業の子会社	■ 親会社に準じているので会社の実態に合っていない。 ■ 形式的になりがちである。
社歴のある会社	■ 社内規程は整備されている。 ■ 過去に作成されて、そのままになっていることが多い。

	■ 最新の会計・税務・コンプライアンス等が反映されていない。
創業間もない会社	■ 社内規程は整備されていないことが多い。 ■ 社内規程のひな形をそのまま流用していることが多い。 ■ 社内規程等のルールが軽視されがちである。
零細企業	■ 社内規程を作る必要性が認識されていない。 ■ 社内規程がないため、その場限りの対処となっている。 ■ 内部牽制が働いていない。
定期的に税務調査のある会社	■ 税務調査における否認事項はその都度改善され、必要に応じて社内規程に取り込まれている。 ■ 社内で税に対する認識が行き届いている。
10年間1度も税務調査のない会社	■ 社内で税に対する認識が不十分である。 ■ 経理よりも現場が強い。

2 規範としての社内規程

1 法令遵守を目的として

　会社法における定款、労働基準法における就業規則など法令に基づくものも広い意味では社内規程に含まれます。また、社内規程は不正競争防止法や下請法等の法令に抵触するものであってはなりません。
　なお社内規程には、取締役会規程等の会社の経営に関わるもの、組織図や職務権限規程等の組織の運営に関わるもの、給与規程や出張旅費規程等の従業員の処遇や服務に関わるもの、経理規程や外注管理規程等の

経理に関わるもの、文書規程や印鑑管理規程等の総務に関わるものなどがあります。

2　内部牽制を目的として

　社内規程を制定する目的の1つに、不正が起こりにくい仕組み作りがあります。例えば、現金や預金を扱う者が、社内の事務処理から銀行印の管理まで1人で行い得る立場にあると、容易に横領等の不正が可能となってしまいます。

　また、仕入担当者が下請先の管理をすべて行い得る立場にあると、発注元という優越的地位を濫用して下請法に抵触するような取引を行いかねません。

　このようなことが起こりにくい仕組みにするためには、人員に余裕があるならば複数の者で処理を担当することが求められます。一方、管理にあまり人員を割けない場合は必ず上司が適宜チェックをするといった社内の仕組み作りが必要となります。社内規程においてこのようなルールを定めることによって内部牽制が機能する組織作りが可能となります。

3　公平を目的として

　組織の中では、個々の構成員に対しては公平でなければなりません。例えば、従業員甲への貸付金利率が年利率3％なのに対して、会社の調達金利が下がってきたので新たに貸し付けた従業員乙への利率を1％にするとしたら甲・乙間での公平さに欠きます。

　一方、出張旅費規程において、取締役はグリーン車の使用が許可されていても、一般従業員は許可されていないといった類の格差は、社会通念からしても必ずしも不公平とはいえません。しかし、この場合であっても、役員と従業員、従業員の中でも部長とその他の者といったくくりの中で公平さが維持されていることが必要です。

このような給与以外の経済的な利益（フリンジベネフィット）については、モラルの低下を未然に防ぐためにも、その取扱いを社内規程で定め、役員・従業員に周知する必要があります。

3 税務対策としての社内規程

1　税務トラブルの回避を目的として

　会社にはそれぞれの歴史があり、その中で培われた慣習があります。つまり、どれ1つとして同じ会社はありません。しかし、税法はすべての会社に画一的に同じ税務処理を求めています。

　会社が長年の間、慣習として行ってきた処理の変更は時として困難を伴うことがあります。

　例えば、製造原価のほとんどが人件費のため長年にわたって原価計算をしていない会社が、税務上正しい処理をするため、あるいは期間損益を正確に把握する観点から、各部門と調整して原価計算を実施するといった場合、関係者の事務処理の負担や個々の従業員の作業効率が明らかになるため様々な抵抗が予想されます。

　また、男子従業員に対して制服を貸与している場合、制服に会社のロゴマークなどが入っておらず、従業員が通勤時に着用しているようなケースでは、税務調査で当該制服は現物給与ではないかと指摘されるおそれがあります。そこで制服に会社のロゴマークを入れたり、制服着用の規程を設ける必要が出てきますが、従業員は既得権益が侵されるので不平・不満が出てくることが予想されます。

　このような長年の慣習の中で会社として認めてきたものでも将来税務トラブルになりそうなものについては、その対策として事前に変更する必要があります。このような場合、経理部門単独で行うと様々な利害関係から圧力がかかることがあるので、例えば次のような手続で会社規程

を改定することにより、会社として対応すれば比較的スムーズに変更を行うことができる場合があります。

---

① 改定の趣旨および概要に規程の新・旧比較表を添付して関係部門に提案

⬇

② 関係部門で協議の後、上記資料（改定の趣旨および概要と新・旧比較表）を取締役会へ提案

⬇

③ 取締役会承認後、改定された規程を社内に公表

---

2 情報伝達のルール化を目的として

社内においては、部門内での情報の伝達だけではなく、部門間の情報の伝達も重要です。例えば、倉庫部門から営業部門へは入出荷の情報だけではなく、それ以外にも不良品の返品情報や長期滞留在庫なども重要な情報となります。

また、工場部門における固定資産の稼働状況は、減価償却費の計上に不可欠の情報です。

会社の経理処理に必要な、こうした情報は、経理部員と担当部署の個人的なつながりで入手するのではなく、組織として情報伝達を行う必要があります。具体的には、経理規程などで社内の情報伝達のルール化をしておくことで、誤った経理処理を未然に回避することが可能となります。

3 税務調査における内部証拠資料として

税法はすべての会社に適用するため、どうしても抽象的な表現にならざるを得ない部分があります。例えば、役員報酬や役員退職金の額の具

体的な決定は、個々の会社が決めざるを得ません。また、出張旅費規程における役職ごとの格差なども、会社が社会通念から妥当な範囲で定めなくてはなりません。

　税務調査などで会社が支給した金額の根拠を説明するにあたっては、会社が定めた社内規程に基づいて支給したもので、恣意的に支出したものではないことを証する内部証拠資料として活用することができます。

4 本書の構成

1 事例

　本書は、決算書の各勘定科目を切り口として、税務調査などの現場で税務トラブルとなった、あるいはなりそうな事例をまずはピックアップしました。

　なお、貸借対照表科目と損益計算書科目は、表裏一体の関係にあります。例えば、売掛債権の貸倒損失にかかる税務トラブルは、貸借対照表科目では売掛金、受取手形などの売掛債権として、貸倒損失は損益計算科目として計上されます。

> 貸倒損失　　　×××円　　//　　売掛債権　　　×××円

　そこで本書では、貸借対照表科目の税務トラブルについては、例えば、現金・預金であれば、その管理の問題から派生する横領損失というように、原則として資産科目・負債科目から派生する問題点に絞って事例をピックアップしています。

2 解説

　次に、トラブルの事例に対して何が税務上問題であったのか、その根

拠となる税法における規定は何か、その解決策や防止策などについて解説を行いました。

③ 社内規程・重要文書の作成ポイント

最後に、税務トラブルを回避するための具体的な社内規程や重要文書の作成ポイントを掲げました。もちろん、これはサンプル規程です。会社の規模によっては管理のために十分な人員を割くことができない場合もあると思いますので、読者の皆様は自社に合った規程に適宜置き換えて利用していただきたいと思います。

資産・負債に関する社内規程等

1 本章の概要

本章で取りあげる「資産・負債」の各勘定は、損益科目の相手勘定になることが多いので、重複を避けるために原則として資産・負債の各科目から派生する問題点に絞りました。

資産・負債の各科目から派生する取引においては、社内で内部牽制が働く仕組み作りがなされているか否かが重要です。これがおろそかになると法令に抵触したり、税務面でも重加算税が課されるケースがでてきます。

2 各科目ごとにおける税務のポイント

1 現金・預金

現金の出納・帳票の起票・銀行印の管理等を1人で行っている状況であると、容易に横領等の不正が可能となってしまいます。現金や預金を扱う場合、複数人で分担することにより相互に牽制が働く仕組み作りが大切です。

なお、横領が発生しても直ちに損失が発生するわけではなく、横領をした者に対して未収入金として損害賠償請求権が発生し、この未収入金が回収不能となった段階で損失が確定します。

2 受取手形・売掛金

一般に買い手は売り手よりも優越的な立場にあるといえます。ともすれば無理難題を突きつけられ、なかには不正の加担を要求されることもあり得ます。当然のことながら税務以前の問題として、企業コンプライアンスの観点から、このような要求に応じることは厳に慎まなければな

りません。

　このようなことが起きないように、白紙の請求書の管理、社印の管理、請求担当者と営業担当者の兼務の禁止等を経理規程で定めておくことが必要となります。

③　商品・製品

　営業担当者は売上に注意を払いますが、自らが仕入れた商品の管理についてはおろそかになることがあります。その結果、商品は倉庫担当者に任せっきりといったことが起きてしまいます。営業担当者は倉庫担当者と密接に連絡を取り合い、実在庫の把握や長期滞留在庫を把握してその管理を行うことが大切です。

④　貸付金

　福利厚生の一環として従業員貸付金制度を設ける場合があります。この場合、経済的利益に対して所得税課税にならないような貸付利率を設定するとともに、従業員間の公平を期するために社内貸付金規程等によりあらかじめ定めておく必要があります。

⑤　立替金・仮払金

　立替金や仮払金等の仮勘定は、月末あるいは期末までに整理しておかないと長期間にわたり残高が残ってしまうことがあります。また、オーナー会社ではそのオーナーに仮勘定が残ってしまい、それが積み上がって残高が多額になってしまうというケースもあります。このような状況でオーナーが亡くなると、どのようにしてその仮勘定を整理するかという問題が残ります。仮勘定といえども実質的にはオーナーに対する債権と変わりはない場合が多いので、結局、会社はその相続人に請求することになってしまいます。

　これに対処するための１つの方法として、オーナーの死亡退職金と仮

勘定を相殺する方法があります。一般従業員にも同様なことが起こり得ますので、退職金規程を整備して、これらの債権と相殺できるようにしておくことが望まれます。

6 減価償却資産

製造工場は郊外に所在することが多く、減価償却資産の償却費を管理する経理部門と離れていることがあります。製造工場における設備の稼働状況は現場が一番よくわかっているわけですが、その情報が経理部門に届かないと未稼働の減価償却資産の償却費を計上してしまうことがあります。このようなことが起きないように、固定資産管理規程等で稼働状況の情報伝達ルールを整備しておく必要があります。

7 支払手形・買掛金

一般に買い手は売り手よりも優越的な立場にあるといえます。特に買い手が下請先に対して無理な要求を行い、下請法に抵触するような条件で取引をする場合があります。また、営業担当者が1人で下請先の選定や購入単価を決定できる立場にある場合、下請先と結託すれば不正を働くこともできます。このようなことが起きないように購買規程等を整備し、1社見積もりの原則禁止、下請先の選定、購入単価、取引条件に対して上司の承諾を要するといったルール作りが必要です。

8 仮受金・預り金

仮受金や預り金等の仮勘定は、月末あるいは期末までに整理しておかないと長期間残高が残ってしまうことがあります。これらの仮勘定が長期に残った場合、消滅時効の期間が経過しているものや相手先の所在が不明なものがでてきてしまい、税務調査等で支払う予定のないものは益金ではないかと指摘されることがあります。このようなことが起きないように、経理規程等を整備して定期的にこれら仮勘定を整理することが望まれます。

1 現金・預金

1-1 横領の防止

◆掲載規程等：経理規程

事 例

　勤続30年を超える前任の経理部長甲は、1人で銀行預金通帳や銀行印を管理し、さらには入出金手続や経理伝票の起票までも行っていました。
　先般、経理部長甲が定年退職したことに伴い、後任の経理部長が預金の残高を確認したところ、前任の経理部長甲が定期預金の一部を勝手に解約していたことが発覚しました。甲に問い詰めたところ自身の遊興費にあてていたとのことです。
　甲の横領金額の一部は甲やその親族から弁済を受けましたが、甲はすでに退職していたため、残額は横領が発覚した事業年度で特別損失として費用処理をしました。

問題点

　従業員による横領があったとしても、直ちに会社が損害を受けたことにはなりません。横領された段階では会社の資産は減少しますが、同時に会社は横領した金額と同額の損害賠償請求権を有することになるからです。このため本事例では、その残額を横領が発覚した事業年度で特別損失として費用処理をした点が問題となります。

経理処理

[1] 横領が発覚時

例えば、横領金額が1億円だとすると、横領した段階での経理処理は次のようになります。

横領損失	//	預　金	1億円
未収入金	//	損害賠償金収入	1億円

[2] 甲やその親族からの一部弁済時

甲やその親族から3,000万円の弁済を受けた時の経理処理は次のようになります。

預　金	//	未収入金	3,000万円

[3] 残額の回収不能確定時

この損害賠償請求権が貸倒れになったときにはじめて会社に損害が発生して横領額が損金の額に算入されることになります。

貸倒損失	//	未収入金	7,000万円

また、参考となる判例は次のとおりです。

静岡地裁昭和57年7月2日（一部抜粋）

> ところで、横領行為によって法人が損害を被った場合、その損害が法人の資産を減少せしめたものとして、右損害を生じた事業年度における損金を構成するとともに、他面、横領者に対して法人がその被った損害

に相当する金額の損害賠償請求権を取得し、それが法人の資産を増加させたものとして、同じ事業年度における益金を構成するものであると解されるから、右損害は右損害賠償請求権が横領者の無資力その他の事由によってその実現不能が明らかになったときに初めて損金として計上するのが相当である。　　　　　　　　　　　（TAINS　Z127-5024）

2 税務の規定

　税務上問題となるのは損害賠償請求権の貸倒処理の局面になります。貸倒損失は法人税法第22条第3項に基づき損金の額に算入されますが、実務上の貸倒れの判定にあたっては、法人税基本通達9－6－1から9－6－3において、その取扱いが定められています。なお、同通達9－6－3は売掛金等の継続的な取引にかかる規定なので、本事例では検討の対象とはなりません

1 法人税基本通達9－6－1（金銭債権の全部又は一部の切捨てをした場合の貸倒れ）

　個人に対する貸倒れとしては次の法人税基本通達9－6－1(4)が検討対象となりますが、当該通達は書面によって債務免除をすることにより、金銭債権そのものを消滅させることが前提となっています。

法人税基本通達9－6－1（金銭債権の全部又は一部の切捨てをした場合の貸倒れ）

　　法人の有する金銭債権について次に掲げる事実が発生した場合には、その金銭債権の額のうち次に掲げる金額は、その事実の発生した日の属する事業年度において貸倒れとして損金の額に算入する。
　(1)～(3)　（省略）
　(4)　債務者の債務超過の状態が相当期間継続し、その金銭債権の弁済

> を受けることができないと認められる場合において、その債務者に対し書面により明らかにされた債務免除額

　しかしながら、税務面で損金算入できるとしても、安易な債務免除は横領に対する会社の対応の前例となり、他の従業員へのモラルの低下につながりかねません。また、株主や債権者からは経営に対する姿勢が問われることとなります。

　このような点を考えると、当該通達に基づき貸倒損失処理するのは慎重にならざるを得ないでしょう。もっとも、横領について親族の入院費用にあてるためであったなどの情状酌量の余地がある場合で過去の勤務態度や会社への貢献が多大であったなどの諸事情があり、その全額が弁済を受けることができないと認められるときは、当該通達の適用も検討対象となるでしょう。

2　法人税基本通達9－6－2（回収不能の金銭債権の貸倒れ）

　当該通達は、法律上は金銭債権が存在するけれども、事実上回収不能であるとして貸倒れ処理をするものです。

　この事実上回収不能について「例えば、債務者について破産、強制和議、強制執行、整理、死亡、行方不明、債務超過、天災事故、経済事情の急変等の事実が発生したため回収の見込がない場合のほか、債務者についてこれらの事実が生じていない場合であっても、その資産状況等のいかんによっては、これに該当するものとして取り扱う等弾力的に行われるべきと考えられる」（小原一博 編『法人税基本通達逐条解説（八訂版）』876頁（税務研究会出版局、2016年））としています。

　この中でやっかいなのは個人の債務超過についてです。法人と違って個人の場合は帳簿がないため、財産や債務の状況の把握は極めて困難です。それでも自宅の所在がわかっている場合は、不動産の登記簿謄本をとれば不動産の所有者や担保の付き具合から資産状況の一端がわかりま

す。また、横領者が在職中に親しかった者や懇意だった取引先等から現在の生活状況を知ることができるかもしれません。興信所等を利用すればさらに詳しいことがわかるかもしれませんが、これには別途費用がかかります。

　いずれの方法をとるにせよ、これらの知り得た情報を総合し、客観的にみて、その全額が回収困難と判断される場合は、社内稟議を経たうえで帳簿上において貸倒損失処理をすることになります。

法人税基本通達9－6－2（回収不能の金銭債権の貸倒れ）

> 　法人の有する金銭債権につき、その債務者の資産状況、支払能力等からみてその全額が回収できないことが明らかになった場合には、その明らかになった事業年度において貸倒れとして損金経理をすることができる。この場合において、当該金銭債権について担保物があるときは、その担保物を処分した後でなければ貸倒れとして損金経理をすることはできないものとする。

3　本事例の解決策

　経理担当者が会社の金銭を横領した場合、その担当者は懲戒解雇、少なくとも降格処分となります。また、刑事罰では業務上横領となり10年以下の懲役といった厳しい処罰を受け、民事事件としては横領額に対して損害賠償債務を負うことになります。

　損害賠償債務を退職金と相殺できることもありますが、状況によっては退職金が支払われない場合もあります。仮に横領した経理担当者が自己破産しても不法行為の場合は免責不許可事由に該当し、直ちに免責とはなりません。

　このような厳しい処罰が待っているにもかかわらず、経理部門におけ

る横領が後を絶たない背景としては、金銭の出納業務と起票・記帳業務を担当者が1人でこなせてしまい、組織としての内部牽制が機能していないことによります。

会社は内部牽制を機能させるために経理規程を設け、1人の担当者だけでは出納業務と起票・記帳業務ができないようにします。さらに、現金の場合は毎日の現金残高と現金出納簿の残高を照合し、必ず上司の承認を受けます。

また、預金の場合は預金通帳や残高証明と預金元帳とを少なくとも毎月月末には照合し、上司の承認を受ける必要があります。

4 社内規程の作成ポイント

経理規程を作成するうえで参考となるサンプル規程および作成のポイントは次のとおりです。

サンプル規程

経理規程

（金銭）
第○条　本規程において金銭とは、現金及び預金をいう。
　2．受取手形、有価証券その他金銭と同一の価値を有するものは金銭に準じて取り扱う。

（金銭業務）
第○条　金銭の収納及び支払いは、金銭の出納担当者が入出金伝票に基づいて行うものとする。
　2．金銭の出納担当者以外の者が金銭の出納業務を行ってはならない。
　3．金銭の出納担当者は、自ら入出金伝票を起票してはならない。

(収納)
第○条　出納担当者が金銭の収納を行う場合には、担当部署が発行した入金伝票に基づいて行わなければならない。
　２．収納した金銭は、遅滞なく金融機関に預け入れなければならない。
　３．小切手及び手形は、支払いに充当してはならない。

(支払い)
第○条　出納担当者が金銭の支払いを行う場合は、請求書等及び担当部署が発行した出金伝票に基づいて、出納責任者の承認を得て行わなければならない。

(照合)
第○条　金銭の出納は、その都度、会計伝票を発行するとともに帳簿に記録しなければならない。
　２．出納担当者は現金の残高を日々実査し、帳簿残高と照合し、出納責任者の承認を得なければならない。
　３．出納担当者は銀行預金と銀行取引記録を毎月末照合した上で銀行勘定調整表作成し、出納責任者の承認を得なければならない。また、中間期末及び決算期末には預貯金の残高証明書を入手し、出納責任者に提出しなければならない。

✓ 作成のポイント

(1)　金銭の出納は出納担当者、帳票作成者、出納責任者の三者で行うことが望ましいといえます。
(2)　会社の規模により出納担当者が帳票作成者を兼ねる場合もありますが、その場合は必ず出納責任者（上司）が必要です。出納責任者は日々の現金の実査や預金の支払いについて、必ず自身が目を通す必要があります。
(3)　規模が大きく経理規程がある会社であっても横領の事例が見受けられますが、これはせっかくの経理規程が日々の業務の中で守られず機能していないことに原因があります。

第Ⅰ章　資産・負債に関する社内規程等

2 受取手形・売掛金

1-2 脱税幇助の防止

◆掲載規程等：経理規程

事　例

　当社の請求書は、締め日ごとに売上データに基づいて営業管理システムから自動的に印刷されます。
　当社の営業担当者甲は得意先のＡ社に対する本来の請求額に対して同社社長乙から依頼された金額を上乗せした手書きの請求書を作成し、これに甲の上司が保管していた社印を無断で押印してＡ社に渡していました。
　当社ではＡ社からは本来の請求額が入金されていたので今まで甲の行為はわかりませんでした。
　今回、Ａ社に税務調査が入ったことでＡ社の架空仕入の反面調査が当社で行われ、甲がＡ社の不正行為に加担していたことが判明しました。

問題点

　本事例の場合、営業担当者甲は取引先の不正行為に加担したことは事実ですが、当社の売上は正しく計上されているので、当社の法人税を不当に免れたわけではありません。
　問題は、得意先であるＡ社の不正行為に対して当社の甲が手を貸していたことにあります。当然のことながら、このような行為は企業コンプライアンス違反であり、社会的にも道義的にも許されるものではなく、企業の信用を失墜させてしまいます。
　また、Ａ社の脱税額が多額で悪質な場合は、Ａ社は法人税法違反で刑罰

の対象となる場合があり、当社も国税通則法によりその対象となる可能性
があります。

1 税務の規定

1 反面調査

　本事例では、税務調査がＡ社に入り、その取引内容の裏付けをとるために当社に税務職員が訪れたケースです。これを反面調査といいます。当社にとってＡ社は得意先であるため、できることならＡ社に不利になることは話したくないというのが本音でしょう。
　しかし、税務調査は反面調査といえども受忍義務があり、質問に対して答えなかったり、嘘をついたりすると次の国税通則法に従い罰則が科せられます。

国税通則法第74条の２（当該職員の所得税等に関する調査に係る質問検査権）

> 　国税庁、国税局若しくは税務署（省略）又は税関の当該職員（省略）は、所得税、法人税、地方法人税又は消費税に関する調査について必要があるときは、次の各号に掲げる調査の区分に応じ、当該各号に定める者に質問し、その者の事業に関する帳簿書類その他の物件（省略）を検査し、又は当該物件（省略）の提示若しくは提出を求めることができる。
> 　一　（省略）
> 　二　法人税又は地方法人税に関する調査　次に掲げる者
> 　　イ　法人（省略）
> 　　ロ　イに掲げる者に対し、金銭の支払若しくは物品の譲渡をする義務があると認められる者又は金銭の支払若しくは物品の譲渡を受ける権利があると認められる者
> （以下略）

国税通則法第127条

> 次の各号のいずれかに該当する者は、1年以下の懲役又は50万円以下の罰金に処する。
> 一 (省略)
> 二 第74条の2、第74条の3(省略)、第74条の4(省略)、第74条の5(省略)若しくは第74条の6(省略)の規定による当該職員の質問に対して答弁せず、若しくは偽りの答弁をし、又はこれらの規定による検査、採取、移動の禁止若しくは封かんの実施を拒み、妨げ、若しくは忌避した者
> (以下略)

　なお、反面調査は多くの場合、税務職員が突然訪れるのではなく、原則として事前に通知があることになっています。

国税庁「税務調査手続に関するFAQ(一般納税者向け)」平成28年4月改訂

> 問23　取引先等に対する調査を実地の調査として行う場合には、事前通知は行われないのですか。
> 　　　　　　　　　　＊
> 　税務当局では、取引先など納税者の方以外の方に対する調査を実施しなければ、納税者の方の申告内容に関する正確な事実の把握が困難と認められる場合には、その取引先等に対し、いわゆる反面調査を実施することがあります。
> 　反面調査の場合には、事前通知に関する法令上の規定はありませんが、運用上、原則として、あらかじめその対象者の方へ連絡を行うこととしています。

2　刑罰の対象となる場合

　一般の税務調査では、調査の結果、申告義務があるのに申告をしなかったり、申告をした額が過少であったことが判明した場合には、本来の税

額に加えて無申告加算税、過少申告加算税等の加算税が課されます。法人が所得や税額の計算の基礎となるべき事実について仮装・隠ぺいをした場合は、仮装・隠ぺいをした所得に係る部分の法人税額については過少申告加算税に代えて重加算税が課されます。

一方、脱税が多額で悪質と認められる場合は、国税犯則取締法に基づいて国税局の査察調査が行われます。査察は裁判所の許可を受けて行われる強制捜査であり、証拠物件は差し押さえられます。

国税庁の発表によると査察案件で検察庁に告発される割合は60％強、裁判における一審判決での有罪率はほぼ100％となっています。

このような査察案件において、脱税を共同して行った場合は共同正犯、手を貸した場合は脱税幇助となり刑事罰を受ける可能性があります。

法人税法第159条

> 偽りその他不正の行為により、第74条第1項第2号（確定申告に係る法人税額）に規定する法人税の額…（中略）…につき法人税を免れ、又は第80条第6項（欠損金の繰戻しによる還付）（省略）の規定による法人税の還付を受けた場合には、法人の代表者（省略）、代理人、使用人その他の従業者（省略）でその違反行為をした者は、10年以下の懲役若しくは1000万円以下の罰金に処し、又はこれを併科する。
> 2 　前項の免れた法人税の額又は同項の還付を受けた法人税の額が1000万円を超えるときは、情状により、同項の罰金は、1000万円を超えその免れた法人税の額又は還付を受けた法人税の額に相当する金額以下とすることができる。
> (以下略)

2 本事例の解決策

　得意先Ａ社の脱税額が多額で悪質なため査察案件となったとしても、脱税幇助として当社や営業担当者甲が起訴される可能性は低いですが、当社の社会的信用や企業としてのコンプライアンスを考えると、このようなことは厳に慎まなければなりません。
　そのためにも社内の規程において、請求書の発行ルールや管理についてきちんと定めておく必要があります。

3 社内規程の作成ポイント

　経理規程を作成するうえで参考となるサンプル規程および作成のポイントは次のとおりです。

サンプル規程

経理規程

（売上債権の請求）
第○条　売上債権の請求は、あらかじめ取引先との間で定めた取引条件に基づき、請求書発行担当者がこれを行う。
　2．営業担当者は請求書発行担当者を兼ねてはならない。
　3．請求用紙には、「社印なき場合は無効」と表記する。
　4．請求書用紙は、○○部において厳重に保管しなければならない。

（社印の管理）
第○条　請求書への押印は、原則として○○部の責任者が行う。
　2．請求書に押印する社印は、○○部の責任者が施錠して保管する。

作成のポイント

(1) 請求書は、本事例のような得意先の不正への関与の他に架空売上や販売代金の着服等の不正行為に利用される場合があるため、その管理は重要です。

(2) 白紙の請求用紙の管理、社印の管理、請求担当者と営業担当者との兼務の禁止などを経理規程で定めておくことが望まれます。

(3) 会社の規模によっては請求書の発行のために人員を割けない場合もありますが、その場合でもできる限り1人ですべての処理ができてしまう体制は避けるべきです。

3 商品・製品

1-3 長期滞留在庫等の取扱い

◆掲載規程等：棚卸資産管理規程

事例

　小売業を行っているＡ社は、商品の保管のために営業倉庫を保有していますが、倉庫担当者は商品の入出庫にあたって、長期滞留在庫や不良在庫は邪魔なので倉庫の片隅に移動しています。
　倉庫担当者は、これらの商品は販売できる見込みがないと判断して独断で期末の棚卸資産から除外していたことが判明しました。
　なお、これらの商品については十分な管理がなされていなかったため、その一部は所在不明となっています。

問題点

　本事例の問題点は２つあります。
　１つ目は、長期滞留在庫や不良在庫の評価方法を誤ったために、期末に保有していても棚卸資産から除外してしまったことです。
　２つ目は、棚卸資産の管理が不十分のために所在が不明なものがあり、数量が把握できていなかったことです。
　期末棚卸高は、原則として実地棚卸によって行われますが、期末棚卸高が過少に計上されている場合には、売上原価が過大に計上されるため、税務上、損金として認められない額が生じることになります。

1 税務の規定

1 棚卸資産の評価についての原則的な規定

[1] 期末棚卸資産の評価方法

　棚卸資産について、その事業年度の損金の額に算入する金額を算定する場合の基礎となる期末棚卸資産の価額は、会社が選定した原価法または低価法より評価した金額となります（法法29、法令28①）。

[2] 法定評価方法

　評価方法を選定しなかった場合、または選定した評価方法により評価しなかった場合には、最終仕入原価法により算出した取得価額による原価法により評価します（法令31）。

[3] 資産の評価損の損金不算入

　会社が、その保有する資産の評価替えをして、その資産の帳簿価額を減額した場合には、その減額した部分の金額については、原則としてその事業年度の損金の額に算入することができません（法法33①）。

2 棚卸資産の評価損に関する規定

　会社が保有する棚卸資産について、次に掲げる事実が生じた場合において、その資産の帳簿価額を減額したときは、その減額した部分の金額については、その事業年度の損金の額に算入することができます（法法33②）。

　① 棚卸資産が災害により著しく損傷したこと（法令68①一イ）
　② 棚卸資産が著しく陳腐化したとして、例えば次に掲げる状態であること（法令68①一ロ、法基通9－1－4）
　　(イ) 季節商品*の売れ残ったものについて、今後通常の価額では販

---

*　季節商品とは、正月用品のように一定の季節でなければ販売できない商品のみではなく、極めて流行性が強いためにその時期に販売しなければ今後その商品は流行遅れとなり、通常の価額では販売できなくなるような性質を有する商品を示しています。

売できないことが既往の実績などに照らして明らかであること
　㋺　型式や性能などが著しく異なる新製品が発売されたことにより、今後通常の方法により販売することができなくなったこと
③　棚卸資産が、破損や型崩れなどにより通常の方法によって販売することができないこと　等（法令68①一ハ、法基通9－1－5）

なお、棚卸資産の時価が単なる物価変動や過剰生産、建値の変更などの事情によって低下しただけでは評価損が認められませんので注意してください（法基通9－1－6）。

2 本事例の解決策

　本事例の場合の長期滞留在庫および不良在庫は、前項2のいずれにも該当しないため評価損の計上はできず、計上すべき在庫となります。

　また、数量を正確に把握するためには、日ごろから在庫管理を行う必要があります。すなわち、棚卸資産の管理業務フローを構築することが必要です。

　具体的には、入出庫時の検収手順を定めて棚卸資産管理台帳を作成します。そして、棚卸資産管理台帳をもとに管理報告書を作成して経理担当者に報告することを義務付けます。

　また、少なくとも毎期中間および本決算では実地棚卸を行い、棚卸資産管理台帳との差異がないかを確認します。

　仮に本事例において、販売できる見込みがない商品を期中に実際に廃棄していた場合には、廃棄業者から廃棄証明書等といった廃棄の事実が客観的に明らかとなる資料を用意して経理担当者に報告します。

　これらに伴い、棚卸資産の管理規程を定めることが重要になります。

3 社内規程の作成ポイント

棚卸資産管理規程を作成するうえで参考となるサンプル規程および作成のポイントは次のとおりです。

サンプル規程

棚卸資産管理規程

（棚卸資産の管理責任者）
第○条　棚卸資産の管理責任者は、○○部○○課の課長とする。

（棚卸資産の管理担当者の職務）
第○条　棚卸資産の管理担当者は、管理責任者の指揮監督のもと、棚卸資産管理台帳を作成記録し、棚卸資産の入庫、出庫、保管の状況を常に管理する。
　2．棚卸資産の管理担当者は、棚卸資産の管理状況を確認した上で管理報告書を作成する。
　3．前項の管理報告書は、管理責任者の承認を受けなければならない。
　4．管理担当者は、前項の承認後、毎月所定の日までに管理報告書をもって経理担当者に報告する。

（入庫）
第○条　棚卸資産の入庫に際しては、管理担当者が検収を実施する。
　2．検収完了後、入庫伝票とともに棚卸資産を受け入れ、その入庫情報を棚卸資産管理台帳に明記する。

（出庫）
第○条　棚卸資産の出庫に際しては、管理担当者が品目、数量、相手先を確認する。
　2．出庫伝票とともに棚卸資産を出庫し、その出庫情報を棚卸資産管理台帳に明記する。

（保管）
第〇条　棚卸資産管理責任者及び管理担当者は、棚卸資産の状態、保管場所、保管状況等を常に明らかにできる状態にしておかなければならない。
　２．管理担当者は、保管中の棚卸資産につき、破損・盗難・その他異常を発見した場合には、直ちに管理責任者に報告し、その指導のもとに適切な処理を行わなければならない。

（実地棚卸）
第〇条　棚卸資産は、毎期中間及び本決算において、実地棚卸を行うものとする。

（滞留）
第〇条　管理担当者は、〇ヶ月以上滞留している棚卸資産について、棚卸滞留一覧表を作成する。
　２．前項の滞留一覧表をもとに棚卸資産滞留報告書を作成し、管理責任者の承認を受けなければならない。
　３．管理担当者は、管理責任者の承認後、経理担当者にその内容を報告する。

（廃棄）
第〇条　社内手続に基づき棚卸資産を廃棄することとなった場合には、管理担当者は、廃棄を実施し、廃棄業者から廃棄証明書等を受領しなければならない。
　２．管理担当者は、前項の廃棄証明書等に基づき、直ちに棚卸資産の管理台帳に廃棄の旨を記録し、経理担当者に廃棄証明書等を提出する。
　３．経理担当者は、前項の廃棄証明書等をもって、適正に会計処理を行わなければならない。

✓ 作成のポイント

(1) 社内規程で棚卸資産管理台帳の作成を義務付けます。
(2) 社内規程で棚卸資産の管理担当者と経理担当者との連携について定めます。
(3) 棚卸資産の滞留や廃棄の際には通常の管理業務とは別に、報告書や証明書の提出を義務付けます。

4 貸付金

1-4 貸付利率の設定

◆掲載規程等：社内貸付金規程

事例

　A社では福利厚生として、役員や従業員からの申出により資金の貸付けを行っています。

　現在、数名の役員および従業員に資金の貸付けを行っていますが、貸付利率は従業員ごとに違いがあり一定ではありません。

　この貸付利率の決定は、貸付けの申出のたびに社長が決めていますが、無利息の貸付けや一般的な金利よりも低い利率のものもあり、利率設定の根拠が不明確です。

　また、貸付利率を途中で変更することもありますが、その変更理由も利率設定根拠と同様に不明確です。

問題点

　役員や従業員に資金を貸し付けた場合に生じる税務の問題は、貸付利息の設定です。

　具体的には、無利息または適正な利率よりも低い利率で貸し付けた場合、ならびに適正な利率よりも低い利率に変更した場合に、適正な利率による利息額との差額に相当する利益について、借り受けている役員や従業員が給与として課税を受けてしまう点です。

　また、資金を貸し付けている法人については、給与と認定された金額についての源泉徴収義務の問題も生じます。

4　貸付金

1 税務の規定

1　貸付利息に係る所得税の規定

　貸付利息については、利益を受ける役員や従業員に影響がある所得税に、次のように定められています。

[1] 貸付利息に関する基本的な規定

　無利息または低い利率による利息については、次の金額が経済的利益（給与）として、借り受けた役員または従業員が課税を受けます（所基通36－15(3)）。

- 無利息の場合……………………通常の利率により計算した利息の額
- 低い利率での利息の場合………通常の利率により計算した利息の額と実際に支払う利息の額との差額

[2] 適正な利息相当額の計算規定

　会社が役員または従業員に貸し付けた金銭に係る適正利息については、下記の利率により計算することになります（所基通36－49）。

　①　その貸し付けた金銭が会社において他から借り入れて貸し付けたものであることが明らかな場合には、その借入金の利率

　②　上記以外の場合には、貸付けを行った日の属する年の特例基準割合[*1]による利率

[*1]　特例基準割合とは、租税特別措置法第93条第2項《利子税の割合の特例》に規定する割合です。
　　特例基準割合は各年の前々年の10月から前年の9月までの各月における短期貸付けの平均利率（各月において銀行が新たに行った貸付け（貸付期間が1年未満のもの）に係る利率の平均）の合計を12で除して計算した割合として各年の前年の12月15日までに財務大臣が告示する割合に、年1％の割合を加算した割合をいいます。
　　なお、平成28年の財務大臣が告示した割合は0.8％（財務省告示第394号　平成27年12月11日）であり、平成28年の特例基準割合1.8％です。

[3] 課税されない経済的利益の規定

　会社が役員または使用人に対して金銭を無利息または適正な利息相当額に満たない利息で貸し付けたことにより、その貸付けを受けた役員または使用人は[1]の経済的利益を受けることになりますが、次に掲げる場合にその受ける経済的利益については、課税しなくて差し支えない取扱いとなっています（所基通36－28）。

① 災害、疾病等により臨時的に多額な生活資金を要することとなった役員または使用人に対し、その資金にあてるために貸し付けた金額につき、その返済に要する期間として合理的と認められる期間内に受ける経済的利益

② 役員または使用人に貸し付けた金額につき、会社における借入金の平均調達金利[*2]など合理的と認められる貸付利率を定め、これにより利息を徴している場合に生じる経済的利益

③ ①および②以外の貸付金につき受ける経済的利益で、その年（使用者が法人である場合には、その法人の事業年度）における利益の合計額が5,000円以下のもの

2　給与課税された場合の法人の課税関係

[1] 源泉徴収の問題

　貸付利息が無利息または低額の利息で、適正利息との差額の経済的利益が給与となった場合、会社としてはその給与額について源泉徴収の必要が生じます（所法183）。

[2] 役員給与（定期同額給与）の問題

　役員に対して貸し付けた金銭に対する貸付利息が無利息または低額の利息で、適正利息との差額の経済的利益が給与と認定された場合、その

[*2]　平均調達金利とは、例えば会社が貸付けを行った日の前事業年度中における借入金の平均残高に占める、前事業年度中に支払うべき利息の額の割合などの合理的に計算された利率をいいます。

差額に相当する経済的利益は毎月変動することが考えられます。

この場合、役員給与にその利息が加えられるため定期同額とならなくなり、損金不算入となる可能性があると考えられます。しかし、適正利息との差額の経済的利益については、「継続的に供与される経済的な利益のうち、その供与される利益の額が毎月おおむね一定であるもの」に該当する取扱いがあり、定期同額として取り扱われます（法基通9-2-9、9-2-11）。

2 本事例の解決策

本事例の場合、貸付利率を貸付けの都度定めており、その利率の設定に根拠がない点や、貸付利率の変更についても、その変更の理由や変更後の利率の設定に根拠がない点に問題があります。

貸付けの都度、貸付利率を定めていたら、借り入れた役員や従業員間で有利不利が生じます。このことは、例えば利率が低く設定された場合、他の役員や従業員よりも利息が少ない分利益を得ることになります。

また、利率の設定に根拠が示せなければ、恣意的に低利にした（利益を与えた）と認定されても反論できません。

そこで、社内貸付金規程を設け、貸付利率の設定の方法や利率変更の基準、貸付目的（借入の理由）によっては一定期間無利子にするなどを定めておき、制度的に運用するべきです。

また、この規程を設けて運用することにより、恣意性のない利率設定である旨、または変更である旨を示すことができます。

3 社内規程の作成ポイント

社内貸付金規程を作成するうえで参考となるサンプル規程および作成のポイントは次のとおりです。

第Ⅰ章　資産・負債に関する社内規程等

サンプル規程①

社内貸付金規程

（貸付けの目的）
第○条　役員又は従業員への金銭の貸付けは、次の場合とする。
　①　災害、疾病等により臨時的に多額な生活資金が必要となった場合
　②　冠婚葬祭、転居、教育資金等により一時に多額の生活資金として必要になった場合
　③　その他、会社が必要と認めた場合

（貸付利率）
第○条　貸付金の利率は、平均調達金利を算定して定める。
　　平均調達金利とは、会社が貸付けを行った日の前事業年度中における借入金の平均残高（毎月の残高の平均額）に占める、前事業年度中に支払うべき利息の額の割合とする。
2．貸付利率と平均調達金利との差が一定割合以上（○○％以上）生じた場合には、翌期（翌年）より、貸付利率を見直す。
3．第○条（貸付けの目的）①の目的による貸付金については、災害、疾病等が落ち着くまでの期間については無利息とする。

サンプル規程②

社内貸付金規程

（貸付利率）
第○条　貸付金の利率は、貸付けをする年の特例基準割合とする。
　　特例基準割合とは、租税特別措置法第93条第2項《利子税の割合の特例》に規定する割合をいい、各年の前々年の10月から前年の9月までの各月における短期貸付けの平均利率の合計を12で除して計算した割合として各年の前年の12月15日までに財務大臣が告示する割合に、年1％の割合を加算した割合をいう。
2．貸付利率と特例基準割合との差が一定割合以上（○○％以上）生じた場合には、翌期（翌年）より、貸付利率を見直す。
3．第○条（貸付の目的）①の目的による貸付金については、災害、疾病等が落ち着くまでの期間については、無利息とする。

✓ 作成のポイント

(1) 貸付目的の条項は、貸付利率の項で「災害、疾病等により臨時的に多額な生活資金が必要となった場合」の貸付けについて一定期間無利息にするために設けています。

(2) 貸付利率を「平均調達金利を算定して定める」「特例基準割合とする」目的は、所得税の取扱いに準じて、課税の生じない範囲での利率の設定を行うためです。

(3) 貸付利率の見直し条項を設定しているのは、利率の見直しが、恣意的な見直しではなく、制度的な見直しであることを示すためです。

5 立替金・仮払金

1-5 被相続人に対する債権の取扱い

◆掲載規程等：退職金規程

事例

A社の社長甲が急逝したため、社長の長男乙がその後を継ぎました。
A社は、先代の社長甲に対して多額の立替金、仮払金がありましたが、先代社長甲が亡くなったのを機に損金経理をしました。

問題点

本事例の問題点は、会社が有する債権が相続人に承継されて存在しているにもかかわらず、損金経理をしている点です。
会社が個人に対する債権を有していた場合において、その個人の死亡によりその相続人が相続放棄の手続をとらない限り、その債務は相続人に承継されるので、会社の有する債権はそのまま相続人に対する債務となり存続します。
そのため、その債権は死亡に伴い消滅するわけではないので、税務上損金として認められません。
また、役員に対する立替金や仮払金が長期間にわたって精算されていない場合には、貸付金と認定されて未収利息の計上を指摘されることがあります。

1 条文規定

1 相続財産の承継についての規定

　被相続人の配偶者や子どもは基本的に相続人となり、相続の開始があったことを知った日から原則3か月以内に限定承認または放棄をしない場合には、相続開始の時点から被相続人の財産に属した一切の権利義務を承継します（民法887①、896、915①、920、921②）。

2 貸倒れの規定

　金銭債権の回収ができないことから貸倒損失の計上を認める規定は次の2つがあります。

　①　金銭債権の全部または一部の切り捨てをした場合の貸倒れの規定
　　　会社が有する債権の相手先の財務状態が相当期間債務超過の状態であり、弁済を受けることができないと認められることにより、会社がその相手先に書面により債務免除額を明らかとした場合には、その債務免除額は税務上損金の額に算入します（法基通9－6－1(4)）。

法人税基本通達9－6－1（金銭債権の全部又は一部の切捨てをした場合の貸倒れ）

> 　法人の有する金銭債権について次に掲げる事実が発生した場合には、その金銭債権の額のうち次に掲げる金額は、その事実の発生した日の属する事業年度において貸倒れとして損金の額に算入する。
> 　(1)～(3)　（省略）
> 　(4)　債務者の債務超過の状態が相当期間継続し、その金銭債権の弁済を受けることができないと認められる場合において、その債務者に対し書面により明らかにされた債務免除額

② 回収不能の金銭債権の貸倒れの規定

①のほか、会社の有する債権について、債権の相手先の資産状況等を考慮して、明らかにその全額が回収できないことが判明した場合は、その債権の金額は損金経理を要件として、税務上損金の額に算入されます（法基通9－6－2）。

法人税基本通達9－6－2（回収不能の金銭債権の貸倒れ）

> 法人の有する金銭債権につき、その債務者の資産状況、支払能力等からみてその全額が回収できないことが明らかになった場合には、その明らかになった事業年度において貸倒れとして損金経理をすることができる。この場合において、当該金銭債権について担保物があるときは、その担保物を処分した後でなければ貸倒れとして損金経理をすることはできないものとする。
> 　（注）　保証債務は、現実にこれを履行した後でなければ貸倒れの対象にすることはできないことに留意する。

2 本事例の解決策

　会社が有する役員や従業員に対する債権を、その精算が終わらないうちに死亡等により退職してしまった場合には、退職金と相殺できるように規程を整備しておくことが望まれます。

　退職金と相殺しても、なお回収しきれない場合には、その回収しきれない金額について役員や従業員、および相続人等に請求することになりますが、回収不能か否かについては、上記の法人税基本通達9－6－1、9－6－2に基づいて判定することになります。

3 社内規程の作成ポイント

　退職金規程を作成するうえで参考となるサンプル規程および作成のポイントは次のとおりです。

サンプル規程

退職金規程

（退職者に対する債権の取扱い）
第○条　従業員が、会社に対する自己の債務を精算せずに退職した場合には、当該債務の金額を、第○条に基づいて算出された退職金や弔慰金に充当する。
　　２．前項の規程は、役員に対する場合には、「退職金」を「役員退職慰労金」に、「第○条」を「役員退職慰労金規程第○条」に読み替えるものとする。
　　３．第１項及び第２項の規程は、死亡による退職の場合も同様とする。

✓ 作成のポイント

(1) 退職金規程に役員および従業員に対する債権を退職金と相殺する旨を定めます。
(2) 退職金規程に死亡による退職の場合についても定めます。

第Ⅰ章　資産・負債に関する社内規程等

  減価償却資産

1-6 事業供用日の確認

◆掲載規程等：固定資産管理規程

事例

　3月決算法人であるA社は、2月に工場の製造設備の一部を更新しました。
　現場での設置や調整に時間がとられたため3月末時点ではまだ稼働していない状態にもかかわらず経理部門にその旨を報告していなかったので、A社は2月から減価償却をしてしまいました。
　また、工場の従来の製造設備は廃棄予定で未稼働の状態にもかかわらず、引き続き減価償却をしています。

問題点

　本事例の問題点は、未稼働の状態である減価償却資産に対して、減価償却を計上している点です。新規に取得した減価償却資産および従来から使用している減価償却資産が未稼働である場合には、その減価償却の計上は、いずれも税務上認められません。
　従来から稼働していた減価償却資産については、期中に稼働を休止した場合でも必要な維持補修が行われており、いつでも稼働可能な状態であれば減価償却の計上は税務上認められますが、そのような事実はありません。

税務の規定

　税務上、減価償却の計上の時期について、新規に取得した減価償却資産については、その減価償却資産を事業の用に供した日とされており、

次のように規定されています。

法人税法第31条第１項

> 　内国法人の各事業年度終了の時において有する減価償却資産につき、その償却費として第22条第３項（各事業年度の損金の額に算入する金額）の規定により、当該事業年度の所得の金額の計算上損金の額に算入する金額は、その内国法人が当該事業年度においてその償却費として損金経理をした金額（省略）のうち、（省略）償却限度額（省略）に達するまでの金額とする。

国税庁ホームページ：タックスアンサー「No.5400 減価償却資産の取得価額に含めないことができる付随費用 Q3（一部抜粋）

> **事業の用に供した時期とは**
> 　「事業の用に供した日」とは、一般的にはその減価償却資産のもつ属性に従って、本来の目的のために使用を開始するに至った日をいいますので、例えば、機械等を購入した場合は、機械を工場内に搬入しただけでは事業の用に供したとはいえず、その機械を据え付け、試運転を完了し、製品等の生産を開始した日が事業の用に供した日となります。

　これまで使用されていた減価償却資産の稼働を休止した場合であっても、稼働休止期間中に必要な維持補修が行われている場合には、その期間中の減価償却の計上が認められます（法基通7-1-3）。

法人税基本通達7-1-3（稼働休止資産）

> 　稼働を休止している資産であっても、その休止期間中必要な維持補修が行われており、いつでも稼働し得る状態にあるものについては、減価償却資産に該当するものとする。

> （注） 他の場所において使用するために移設中の固定資産については、その移設期間がその移設のために通常要する期間であると認められる限り、減価償却を継続することができる。

2 本事例の解決策

　本事例のような減価償却の誤計上が生じたのは、部門間の連携がうまく図れておらず、減価償却資産の管理体制が不十分であったためです。
　管理体制を強化するうえでは、減価償却資産の管理責任者を定めて管理責任者が取得・廃棄等の状況や稼働状況を常時把握し、固定資産管理台帳を作成します。
　経理部では、固定資産管理責任者から固定資産管理台帳による報告を受けて減価償却の計上や、減価償却資産の廃棄等の会計処理を行います。
　廃棄予定である従来の製造設備を実際に廃棄する際には、社内の稟議書に基づいて決裁を受けたうえで廃棄し、廃棄業者から廃棄証明書等といった廃棄の事実が客観的に明らかとなる資料を用意します。
　また、少なくとも毎期中間および本決算では、固定資産管理台帳と現物との照合を行い、差異が発生していないかを確認する必要があります。

3 社内規程の作成ポイント

　固定資産管理規程を作成するうえで参考となるサンプル規程および作成のポイントは次のとおりです。

サンプル規程

固定資産管理規程

（管理責任者）
第○条　各部門において所有する固定資産の取得、処分等の管理については、各部門長が管理責任者としてその責任を負う。

（固定資産管理台帳）
第○条　管理責任者は、固定資産管理台帳を記録保管し、固定資産の取得、処分の都度その内容を固定資産管理台帳に反映する。
　　　　固定資産管理台帳の主な記載事項は次のとおりとなる。
① 資産番号
② 取得年月日
③ 事業供用日
④ 稼働状況
⑤ 品目（構造、規格）、数量、取得価額
⑥ 設置場所
⑦ その他の事項

（異動通知書）
第○条　管理責任者は、固定資産を取得、売却、廃棄、転用、借用したときは、次の事項を記載した固定資産異動通知書を作成し、その内容を固定資産管理台帳に反映する。
① 異動年月日、事業供用日
② 異動理由
③ 資産番号、品目（構造、規格）、数量
④ 新旧管理責任者の承認印
2．管理責任者は、固定資産異動通知書及び固定資産管理台帳をもって、その異動状況を経理部に報告しなければならない。
3．経理部は前項の報告を受けた場合には、その報告内容に基づき会計処理を行う。

（現物照合）
第○条　管理責任者は、毎期中間及び本決算ごとに固定資産管理台帳と固定資産の現物との照合を行い、その結果を経理部へ報告しなければならない。

 作成のポイント

(1)　社内規程で管理責任者を定めます。
(2)　社内規程で固定資産管理台帳の作成、異動通知書の作成およびこれらの報告を義務付けます。
(3)　社内規程で管理台帳と現物との照合を定めます。

7 支払手形・買掛金

1-7 過大仕入と私的なマージン（横領）

◆掲載規程等：購買管理規程

事例

　当社の定期人事異動で、営業部長が交代しました。前任の甲から引継ぎを受けた新任の乙部長は、下請先Ａ社からの購入単価が同業他社に比べて異常に高いことに不審を抱きました。
　Ａ社の社長に原因を問いただしたところ、前任の甲は３年ほど前からＡ社に指示して取引金額を水増し請求させ、一旦Ａ社に買掛金を支払い、Ａ社はそのうちの一部を商品券などで甲個人にキックバックさせていたことが判明しました。
　当社は、自主的に法人税等の申告の是正をするとともに、甲および下請先Ａ社に損害賠償請求を行う予定です。

問題点

　本事例の場合、前任の営業部長甲は下請先Ａ社と結託し、巧妙な手口で当社に損害を与えていました。下請先Ａ社より水増しした買掛金を通常の手続で請求させることによりＡ社に一旦利益を落としています。Ａ社はその利益の一部を甲にキックバックさせていますが、直接現金を甲に渡したのではＡ社の使途不明金になるため、Ａ社に商品券などを買わせていました。
　前任の甲と下請先Ａ社は共犯であり、甲やＡ社から情報が漏れることはなかなかありません。このような場合、不正を見つけることは困難ですが、本事例のように担当者が変わったタイミングやＡ社に税務調査が入り、不自然に多額の商品券などを購入していて税務署に目をつけられるときには不正が明らかになることがあります。

1 申告の是正

1　本税

　本事例では仕入額が3年間にわたって過大に計上されていたので、所得金額および消費税額が過少となっています。3年分の法人税・地方法人税、消費税・地方消費税および法人地方税の修正申告を行うことになります。

2　附帯税

　上記の修正申告に伴い、本来であれば本税とともに延滞税・延滞金が課されますが、本事例では自主的に修正申告をするため過少申告加算税・過少申告加算金は課されません。

国税通則法第65条第5項

> 　第1項の規定は、修正申告書の提出が、その申告に係る国税についての調査があつたことにより当該国税について更正があるべきことを予知してされたものでない場合において、その申告に係る国税についての調査に係る第74条の9第1項第4号及び第5号（納税義務者に対する調査の事前通知等）に掲げる事項その他政令で定める事項の通知（省略）がある前に行われたものであるときは、適用しない。

　仮に自主的な申告ではなく税務調査で指摘されれば、仮装・隠ぺいにあたるため、追加税額部分について過少申告加算税ではなく重加算税が課されます。

2 過年度損益修正益

　不正が発覚した事業年度の経理処理は、前任営業部長甲および下請先

A社に損害賠償請求を行う予定なので、次のような前期損益修正益を計上することになります。

| 未収入金 | / / | 過年度損益修正益　×××円 |

あわせて、過年度損益修正益については過年度3期分の申告において修正申告書を提出しますので、当期の法人税申告書別表四で「減算・留保　×××円」とします。

なお、前任の営業部長甲は自己の利益を図る目的で会社に損害を与えたため背任罪（甲が取締役の場合は特別背任罪）または詐欺罪にあたり、下請先A社は、その共犯となる可能性があります。刑事告訴するか否かは別としても会社の服務規律違反に該当していますので、甲は一定の処分を受けることになります。

3 本事例の解決策

　購買業務では通常、購入側が強い立場にあるため、優先的地位を濫用して不正行為や不公正な取引につながるおそれがあります。
　不正行為には、本事例のような個人的な利益への強要や誘導が考えられます。解決策としては、あらかじめ下請先の選定方法を購買管理規程などで定めておく必要があります。
　なお、不公正な取引の代表例としては下請法違反があります。下請法上の親事業者が下請事業者に、自社に有利な取引条件の承諾を強要したり、買い叩きなどを行い下請法に違反すると、公正取引委員会から勧告を受け公正取引委員会のホームページで企業名、違反内容、勧告内容が公表されます。
　また、次ページの表は下請法で規定されている親事業者の禁止行為をまとめたものであり、公正取引委員会のホームページで公表されています。

親事業者の禁止行為

禁止事項	概　　要
受領拒否の禁止（第1項第1号）	注文した物品等の受領を拒むこと。
下請代金の支払遅延（第1項第2号）	下請代金を受領後60日以内に定められた支払期日までに支払わないこと。
下請代金の減額（第1項第3号）	あらかじめ定めた下請代金を減額すること。
返品（第1項第4号）	受け取った物を返品すること。
買いたたき（第1項第5号）	類似品等の価格又は市価に比べて著しく低い下請代金を不当に定めること。
購入・利用強制（第1項第6号）	親事業者が指定する物・役務を強制的に購入・利用させること。
報復措置（第1項第7号）	下請事業者が親事業者の不公正な行為を公正取引委員会又は中小企業庁に知らせたことを理由としてその下請事業者に対して、取引数量の削減・取引停止等の不利益な取扱いをすること。
有償支給原材料等の対価の早期決済（第2項第1号）	有償で支給した原材料等の対価を、当該原材料等を用いた給付に係る下請代金の支払期日より早い時期に相殺したり支払わせたりすること。
割引困難な手形の交付（第2項第2号）	一般の金融機関で割引を受けることが困難であると認められる手形を交付すること。
不当な経済上の利益の提供要請（第2項第3号）	下請事業者から金銭、労務の提供等をさせること。
不当な給付内容の変更及び不当なやり直し（第2項第4号）	費用を負担せずに注文内容を変更し、又は受領後にやり直しをさせること。

出典：公正取引委員会ホームページ「親事業者の禁止行為」
（注）　かっこ内は下請法の条文番号を示す

社内規程の作成ポイント

　購買管理規程を作成するうえで参考となるサンプル規程および作成のポイントは次のとおりです。

サンプル規程

購買管理規程

（下請業者の選定）
第○条　複数の下請先がある場合の下請先選定にあたっては、最低2ヶ所以上の相見積もりをとらなければならない。
　　2．担当者は、受領した見積書が下請業法に違反していないか、納入単価が適正かどうかを検討しなければならない。
　　3．下請先の最終決定は、原則として担当者とその上司による合議により行い、その記録は○○年間保存するものとする。

 作成のポイント

(1)　1社見積もりは不正の温床になるだけではなく、下請先同士の競争原理が働かないため、極力避ける必要があります。
(2)　担当者だけで下請先を選定できる環境だと牽制機能が働かないので、選定にあたっては必ず2人以上が関与することが望まれます。
(3)　取引開始時だけではなく取引期間中も、取引単価や取引条件が上司の承諾なしに変更されていないかを継続してチェックが行える体制作りが望まれます。

第Ⅰ章　資産・負債に関する社内規程等

8 仮受金・預り金

1-8 仮勘定の管理

◆掲載規程等：経理規程

事例

　Ａ社の仮受金勘定や預り金勘定の中に、長期にわたり金額の変動がないものがあり、税務調査において「益金に算入すべきではないか」と指摘を受けました。
　改めてＡ社内部で調査したところ、仮受金の中に取引が終了して消滅時効の期間が経過しているものや、預り金の中に相手先の所在が不明なものがありました。

問題点

　仮受金や預り金は一時的に使用される、いわゆる「仮勘定」であるため、本来は短期間で精算されるべきものです。これらの勘定科目が長期間にわたり金額に動きがない場合には、株主総会や取引銀行から指摘を受けかねません。
　また、税務調査では、本来益金の額に算入すべき金額がこれらの残高として残っているのではないかと疑われる可能性もあります。
　つまり本事例の問題点は、仮受金や預り金の中に、消滅時効の期間が経過しているものや相手先の所在が不明なものがあり、その処理について検討されないままであった点です。

1 税務の規定

本事例では、消滅時効の期間経過後における益金の額の算入時期が税務上のポイントとなります。益金の額については法人税法第22条において次のように規定されています。

法人税法第22条

> 　内国法人の各事業年度の所得の金額は、当該事業年度の益金の額から当該事業年度の損金の額を控除した金額とする。
> 　2　内国法人の各事業年度の所得の金額の計算上当該事業年度の益金の額に算入すべき金額は、別段の定めがあるものを除き、資産の販売、有償又は無償による資産の譲渡又は役務の提供、無償による資産の譲受けその他の取引で資本等取引以外のものに係る当該事業年度の収益の額とする。
> 　3　（省略）
> 　4　第2項に規定する当該事業年度の収益の額及び前項各号に掲げる額は、一般に公正妥当と認められる会計処理の基準に従って計算されるものとする。
> 　5　（省略）

益金の額の算入時期については、税務上明確な規定はありませんが、一般に権利が確定した時点で益金として認識する（権利確定主義）とされています。権利確定主義については、金子宏氏の著書の一部を引用したものを次に記載します。

「法人税法は、この点について一般的な定めをおいていないが、法人所得の計算についても発生主義が妥当すると解すべきである（省略）。所得の発生の時点については、所得税法の場合と同様に、所得の実現の時点を基準とすべきであり、原則として、財貨の移転や役務の提供など

によって債権が確定したときに収益が発生すると解すべきであろう。その意味では、法人税法においても、権利確定主義が妥当する。」（金子 宏著『租税法 第17版』、292頁（弘文堂、2012年））

2 本事例の解決策

　消滅時効の期間がすでに経過しているからといって、必ず益金の額に算入しなければならないとは限りませんが、支出予定のないものや支出先の所在が不明なものは、担当部署と協議のうえ、しかるべき時期に益金の額に算入すべきです。

　また、仮受金や預り金の内容を正確に把握するためには、仮受金や預り金の管理台帳を作成する必要があります。

　仮受金の場合には、相手先およびその金額を管理台帳に記載し、後日その内容について明らかとなったときに適切な勘定科目に振り替えましょう。仮受金は、その内容が不明な場合に使用する勘定科目のため、そのチェック体制を構築することが必要です。

　預り金の場合には、相手先、内容およびその金額を管理台帳に記載しましょう。預り金は事業の内容や規模によってはその種類が多くなるため、各種類の残高およびその支出先を常に確認できるようにすることが必要です。

3 社内規程の作成ポイント

　仮受金に関する経理規程を作成するうえで参考となるサンプル規程および作成のポイントは次のとおりです。

サンプル規程

経理規程

（仮受金の原則的な処理）
第○条　仮受金は、入金の金額が未確定であり、かつ緊急の場合にのみ、その取扱いを認める。

（仮受金管理担当者の職務）
第○条　仮受金の管理担当者は、仮受金管理台帳を作成記録し、常時その状況を管理する。
　２．前項で定めるその状況とは、入金、出金、相手先及びその内容とする。
　３．第１項で定める仮受金管理台帳をもって、○○課長にその現状を報告する。

（仮受金消込処理期限）
第○条　原則として、毎月末日とする。
　２．やむを得ない事情により処理できない場合には、前項の規程に依らず、月末日より○日以内に未処理報告書を作成の上、○○課長に提出しその承認を受けなければならない。

✓ 作成のポイント

(1) 経理規程で仮受金の使用制限を定めます。
(2) 経理規程で仮受金管理台帳の作成を義務付けます。
(3) 経理規程で消込処理期限日を設けます。
(4) 経理規程で消込処理期限日までに決済できない場合の対処法も示します。

第Ⅱ章

売上・仕入に関する社内規程等

1 本章の概要

本章で取りあげる「売上高・仕入高」は、会社の売上総利益を構成する重要な科目です。売上高については、その計上基準を経理規程等で明確にしておくとともに、税務調査などで確認されるところなので、その計上の漏れがないようにしておく必要があります。特に意図的な除外と認められると重加算税の対象となることがあるので注意が必要です。

仕入高は、債務確定基準ではなく費用収益対応の原則に従うことになりますので、商品等の引渡しが売上計上基準を満たしている場合は、仕入高は見積もりの状態でも計上する必要があります。

2 各科目ごとにおける税務のポイント

1 売上高

売上高は会社の業績を計るうえで最も重要な科目ですので、その計上は慎重に行わなければなりません。売上計上基準には出荷基準や検収基準等がありますが、たとえ売上単価が未確定であっても売上計上基準の要件を満たしていれば、売上単価を見積もって売上計上をしなければなりません。

2 売上高の除外

営業担当部門の多くは、半期または通期の予算により管理されています。当期の予算を達成した場合、売上を翌期回しにするようなケースが見受けられます。税務調査においては、単純に計上がずれているだけなら、いわゆる「期ズレ」ということでペナルティーは過少申告加算税で済みますが、納品書等の日付を改ざんすると、仮装または隠ぺいとなり

重加算税の対象となってしまいます。

3 売上値引

　売上を計上した後、商品代金の回収にいたるまでの間には、商品のクレーム、取引単価修正、未回収による売掛金の滞留など様々な問題が生じます。その結果、当社の売掛金残高と得意先の買掛金残高に違算が生じる場合があり、ややもすると安易に値引き処理をしてしまうことがあります。違算についてはできる限り原因を究明し、最終的に究明しきれない金額についてのみ、社内の稟議書で決裁を仰ぐなどして厳格な対応および処理をすることが望まれます。

4 仕入高

　仕入高は売上高とともに会社の業績を計るうえで重要な科目です。法人税法は原則として債務確定基準を採用していますが、売上原価については費用収益対応の原則となっています。

　したがって、仕入単価が未確定であっても、その見積もりにより計上しなければなりません。

5 期末仕掛品・期末棚卸

　原価計算は、製品製造の場合だけでなく、サービスなどの人件費が大部分を占める場合でも行う必要があります。ややもすると人件費なので販売費および一般管理費として計上していまいそうですが、サービスや作品ごとに、材料費、人件費、経費を集計し、期末時点で未完成または引渡しを終えていないものは期末仕掛品や在庫に計上する必要があります。

1 売上高

2-1 売上高の見積計上

◆掲載規程等：経理規程

事例

当社は売上に出荷基準を採用しています。期末の決算日時点においては出荷済みでしたが、売上単価が未確定の商品がありました。仕入単価は確定していたために仕入高のみを計上してしまったので、結果として当期利益は少なく計上されてしまいました。

問題点

業界の商習慣や商品の特性により、商品の引渡しは済ませているが単価が後日決まるという取引もあります。本事例については、仕入高のみを計上して売上高を計上しなかったため、当期の業績が悪く見えてしまいました。必然的に翌期の業績にも影響を与えることになり、結果的に期間損益計算をゆがめてしまうことになります。

また、税務調査があった場合、売上高の計上漏れという指摘を受けることになり、追加の納税額が発生してしまいます。

1 税務の規定

税務においては、棚卸資産の販売による場合の収益の額（売上）は、その引渡しがあった日の属する事業年度に計上するものとされています。また、その引渡日の基準としては出荷基準や検収基準等があり、合理的であると認められる基準を継続的に適用しなければなりません。

1 売上高

これらは通達によって次のように定められています。

法人税基本通達2－1－1（棚卸資産の販売による収益の帰属の時期）

> 棚卸資産の販売による収益の額は、その引渡しがあった日の属する事業年度の益金の額に算入する。

法人税基本通達2－1－2（棚卸資産の引渡しの日の判定）

> 2－1－1の場合において、棚卸資産の引渡しの日がいつであるかについては、例えば出荷した日、相手方が検収した日、相手方において使用収益ができることとなった日、検針等により販売数量を確認した日等当該棚卸資産の種類及び性質、その販売に係る契約の内容等に応じその引渡しの日として合理的であると認められる日のうち法人が継続してその収益計上を行うこととしている日によるものとする。この場合において、当該棚卸資産が土地又は土地の上に存する権利であり、その引渡しの日がいつであるかが明らかでないときは、次に掲げる日のうちいずれか早い日にその引渡しがあったものとすることができる。
> (1) 代金の相当部分（おおむね50％以上）を収受するに至った日
> (2) 所有権移転登記の申請（その登記の申請に必要な書類の相手方への交付を含む。）をした日

よって、商品を引き渡している場合には売上に計上しなければなりません。また売上代金が未確定である場合を想定した通達は次のとおりです。

法人税法基本通達2－1－4（販売代金の額が確定していない場合の見積り）

> 法人がその販売に係る棚卸資産を引き渡した場合において、その引渡しの日の属する事業年度終了の日までにその販売代金の額が確定していないときは、同日の現況によりその金額を適正に見積るものとする。この場合において、その後確定した販売代金の額が見積額と異なるときは、

> その差額は、その確定した日の属する事業年度(その事業年度が連結事業年度に該当する場合には、当該連結事業年度)の益金の額又は損金の額に算入する。

　つまり、法人税基本通達2－1－4によれば、決算日時点において金額を見積もって売上に計上しなければなりません。その後、翌期以降において正式に金額が決まった場合には、決算日時点において見積もった金額との差額を、その決まった時点での売上の修正項目として計上することになります。

　なお、決算日時点において見積もった単価が、その後において相違することが判明した場合であっても、その見積もりが適正である限り、法人税の申告所得を是正する必要はありません。

2 本事例の解決策

　前項の通達にもあるとおり、販売代金が未確定の場合には決算日時点においての見積金額により売上金額を計上しなければなりません。
　具体的な金額は過去の実績や業界の動向などを参考に合理的に決めることになるでしょう。

3 社内規程の作成ポイント

　売上高に関する経理規程を作成するうえで参考となるサンプル規程および作成のポイントは次のとおりです。

サンプル規程

経理規程

第○条　商品を受注した時は、品名、数量、単価、納期等を確認し、受注簿に記載するものとする。

第○条　販売単価が決まっていない場合には、その時点での見積金額により計上することとする。

第○条　前条により販売単価を見積金額により計上した場合には、見積金額との差額が確定した場合には、その時点で金額を調整することとする。

作成のポイント

　見積単価により期中に売上を計上した場合においては、期末の決算日時点において単価が確定しているときにはその単価により売上金額を調整します。確定していないときには決算日時点において改めて見積もりをする必要があります。

2-2 売上高の除外

◆掲載規程等：経理規程

事例

卸売業者であるＡ社の営業担当者甲は、当期の業績が好調であり、決算月半ばにして当期の売上予算を達成しました。そこで甲は、翌期の予算達成が厳しい見通しであることから、当期の売上の一部を翌期に回すことにしました。しかし、単に売上の計上を翌期にずらしただけだと整合性がとれないため、仕入先に依頼して納品書の受領日を翌期の日付に変えてもらいました。ところが、決算後にＡ社に税務調査が行われ、仕入先への反面調査によりこの点について指摘を受けました。

問題点

会社の業績が予算どおりにならないことは多くあるかと思います。特に売上予算を達成するかしないかの瀬戸際の場合には、つい調整したくなることもあるでしょう。

しかし、税務調査においては決算日前後の取引は要確認事項となっています。

本事例は、決算後にＡ社に税務調査が入り、さらに仕入先の会社へも反面調査がされているので、悪質な売上除外行為とされ、重加算税が課されるものと思われます。

1 税務の規定

1 売上の計上基準

会社法第431条において、「株式会社の会計は、一般に公正妥当と認められる企業会計の慣行に従うものとする」とされ、さらに、法人税法第22条第4項には、「一般に公正妥当と認められる会計処理の基準に

従って計算されるものとする」と定められています。

　税務の具体的な売上の計上基準は、法人税基本通達2－1－1以降に定められており、棚卸資産の販売については、その引渡しがあった日に売上を計上することとされています。

法人税基本通達2－1－1（棚卸資産の販売による収益の帰属の時期）

> 　棚卸資産の販売による収益の額は、その引渡しがあった日の属する事業年度の益金の額に算入する。

法人税基本通達2－1－2（棚卸資産の引渡しの日の判定）

> 　2－1－1の場合において、棚卸資産の引渡しの日がいつであるかについては、例えば出荷した日、相手方が検収した日、相手方において使用収益ができることとなった日、検針等により販売数量を確認した日等当該棚卸資産の種類及び性質、その販売に係る契約の内容等に応じその引渡しの日として合理的であると認められる日のうち法人が継続してその収益計上を行うこととしている日によるものとする。この場合において、当該棚卸資産が土地又は土地の上に存する権利であり、その引渡しの日がいつであるかが明らかでないときは、次に掲げる日のうちいずれか早い日にその引渡しがあったものとすることができる。
> (1)　代金の相当部分（おおむね50％以上）を収受するに至った日
> (2)　所有権移転登記の申請（その登記の申請に必要な書類の相手方への交付を含む。）をした日

2　重加算税

　本事例は、仕入先に依頼して納品書の日付を改ざんしています。これが税務調査において仮装または隠ぺい行為とされた場合には、仮装または隠ぺいが原因で追加納税する法人税の額に対して35％の率の重加算税が課されます。

第Ⅱ章　売上・仕入に関する社内規程等

国税通則法第68条第1項

> 第65条第1項（過少申告加算税）の規定に該当する場合（省略）において、納税者がその国税の課税標準等又は税額等の計算の基礎となるべき事実の全部又は一部を隠ぺいし、又は仮装し、その隠ぺいし、又は仮装したところに基づき納税申告書を提出していたときは、当該納税者に対し、政令で定めるところにより、過少申告加算税の額の計算の基礎となるべき税額（省略）に係る過少申告加算税に代え、当該基礎となるべき税額に100分の35の割合を乗じて計算した金額に相当する重加算税を課する。

また、どのような行為が重加算税の対象になってしまうかについては、次の指針に記載されています。

「法人税の重加算税の取扱いについて（事務運営指針）」の第1　賦課基準第1項

> （隠ぺい又は仮装に該当する場合）
> 1　通則法第68条第1項又は第2項に規定する「国税の課税標準等又は税額等の計算の基礎となるべき事実の全部又は一部を隠ぺいし、又は仮装し」とは、例えば、次に掲げるような事実（以下「不正事実」という。）がある場合をいう
> （1）　いわゆる二重帳簿を作成していること。
> （2）　次に掲げる事実（以下「帳簿書類の隠匿、虚偽記載等」という。）があること。
> 　①　帳簿、原始記録、証ひょう書類、貸借対照表、損益計算書、勘定科目内訳明細書、棚卸表その他決算に関係のある書類（以下「帳簿書類」という。）を、破棄又は隠匿していること
> 　②　帳簿書類の改ざん（偽造及び変造を含む。以下同じ。）、帳簿書類への虚偽記載、相手方との通謀による虚偽の証ひょう書類の作成、帳簿書類の意図的な集計違算その他の方法により仮装の経理を行っていること

③　帳簿書類の作成又は帳簿書類への記録をせず、売上その他の収入（営業外の収入を含む。）の脱ろう又は棚卸資産の除外をしていること
　(3)　特定の損金算入又は税額控除の要件とされる証明書その他の書類を改ざんし、又は虚偽の申請に基づき当該書類の交付を受けていること。
　(4)　簿外資産（確定した決算の基礎となった帳簿の資産勘定に計上されていない資産をいう。）に係る利息収入、賃貸料収入等の果実を計上していないこと。
　(5)　簿外資金（確定した決算の基礎となった帳簿に計上していない収入金又は当該帳簿に費用を過大若しくは架空に計上することにより当該帳簿から除外した資金をいう。）をもって役員賞与その他の費用を支出していること。
　(6)　同族会社であるにもかかわらず、その判定の基礎となる株主等の所有株式等を架空の者又は単なる名義人に分割する等により非同族会社としていること。

2 本事例の解決策

　本事例は、営業担当者の判断で売上の計上時期を調整できることに問題があります。また、売上の計上を遅らせれば、その分売掛金の回収が遅れることにもなります。

　社内規程で売上の計上時期のルールを明確にするとともに、ルールが守られるような仕組み作りが重要です。

3 社内規程の作成ポイント

　売上高の除外に関する経理規程を作成するうえで参考となるサンプル規程および作成のポイントは次のとおりです。

サンプル規程①：出荷基準の場合

```
経理規程

（売上げの計上）
第○条　当社の物流センターから得意先へ商品を納入する場合、当社の物流センターから出荷した日をもって売上に計上する。
```

サンプル規程②：検収基準の場合

```
経理規程

（売上げの計上）
第○条　当社の物流センターから得意先へ商品を納入する場合、得意先へ到着し、検収を受けた日をもって売上に計上する。
```

✓ 作成のポイント

(1) 決算日前後の出荷情報は、物流センター等から営業担当者により適切に伝達される必要があります。
(2) 未出荷商品のリストを出力できるようにするなど、出荷の有無をチェックできる体制を作っておくことが必要です。
(3) 営業担当者と出荷担当者の権限を分離しておき、相互牽制を行えるようにしておくことが重要です。

2 売上値引

2-3 売上値引の確認ルール

◆掲載規程等：経理規程

事 例

営業会議のために月次の業績を集計してみたところ、営業担当者甲の売上高総利益率がここ数か月下がっていたことがわかりました。そこで、原因を調査したところ、得意先のＡ社に対して毎月一定金額の値引き伝票が切られていることが判明しました。営業部長に同席してもらい甲に確認したところ、甲がＡ社の担当を引き継いだときから滞留している売掛金があり、改めて請求してもＡ社が支払いを拒否しているので、仕方なく分割して値引き処理をしているとのことでした。

問題点

Ａ社が滞留している売掛金について、それを回収せずに未解決のまま長期間経過していることに問題があります。

また、根拠のない値引き処理を計上しているのも問題です。滞留している売掛金がある場合には、まずはその滞留している原因を追究しなければなりません。

仮にこの状態で税務調査があった場合、そのような安易な値引き処理は否認され、追加の法人税を支払うことにもなりかねません。

1 税務の規定

過去の売上について値引き等があった場合には、過去の売上を訂正す

ることはせずに、その値引き等があった事業年度に処理することになります。通達には次のように規定されています。

法人税基本通達2－2－16（前期損益修正）

> 当該事業年度前の各事業年度（その事業年度が連結事業年度に該当する場合には、当該連結事業年度）においてその収益の額を益金の額に算入した資産の販売又は譲渡、役務の提供その他の取引について当該事業年度において契約の解除又は取消し、値引き、返品等の事実が生じた場合でも、これらの事実に基づいて生じた損失の額は、当該事業年度の損金の額に算入するのであるから留意する。

本事例の値引きは、その事実が当期に発生したものではなく、そもそも原因が不明であるため、上記の通達で想定している契約の解除または取消し、値引き、返品等に該当しないものと考えられます。

2 本事例の解決策

最初に、滞留している売掛金の発生の時期および理由を調査することになります。

調査の結果、売掛金が滞留している原因が当社にあるのであれば、得意先と話し合い、合意内容を書面にしたうえで値引き等の処理を行い、今後のトラブルにならないようにすべきです。

また、原因が得意先にあるのであれば、再度請求をすることになります。

さらに、この顛末を社内の稟議書等の内部文書に残し、事実関係と責任の所在を明らかにしておくべきです。

長期に滞留している売掛金については、営業担当者がその実態を把握しなければなりません。営業担当者は上司と相談したうえで経理担当者

に報告すべきです。

営業担当者はもちろんですが、経理担当者も滞留している売掛金の有無について定期的に把握するように努め、営業担当者とも連絡を密にし、なるべく早い時期に手を打てるようにしておくことが重要です。

売掛金の入金が遅れるということは、会社の資金繰りにも影響を与えることにもなり、早期に回収することが資金繰りの安定につながります。

また、得意先とトラブルなどがあったことによる例外的な値引き、返品、割引については、営業担当者の判断で処理するのではなく、上司の決済に基づき処理するルール作りが必要です。

3 社内規程の作成ポイント

売上値引に関する経理規程を作成するうえで参考となるサンプル規程および作成のポイントは次のとおりです。

サンプル規程

経理規程

第○条　営業部長は、各月の売掛金残高について長期に滞留している売掛金（通常の支払日からおおむね○ヶ月以上遅れているもの）について、滞留の理由や今後の回収状況を経理担当者に報告しなければならない。

第○条　営業担当者は、得意先から返品の申出を受けた場合には、所属する部長の決裁を受けた後に返品処理をしなければならない。なお、金額が軽微なものについては、事後に承諾を得ることができる。

第○条　営業担当者は、当社の責めに帰すべき返品については、当社の売掛金から控除する手続をするものとする。

第Ⅱ章 売上・仕入に関する社内規程等

> 第○条 営業担当者は、納品後に得意先から値引きの要求を受けた場合には、その理由及び原因を明らかにして所属する部長の決済を受けた後に値引き処理をしなければならない。なお、金額が軽微なものについては、事後に承諾を得ることができる。

 作成のポイント

　この規程は、営業担当者、その上司および経理担当者の連携を密にすることで有効に働きます。
　例えば、未回収の売掛金リストを経理担当者が作成し、営業担当者に確認させるなどという方法も考えられます。

3 仕入高

2-4 単価未確定の仕入

◆掲載規程等：購買管理規程

事例

当期は同業者間の競争が激しかったので、当社の売上高総利益率は下がる見通しでした。しかし、予想に反してＡ部門の売上高総利益率が上昇していました。その原因を営業担当者に確認したところ、決算日近くに得意先へ納品した商品のうち、仕入単価が未確定なものがあったため、その仕入高を計上せず売上高のみを計上していたことが判明しました。

問題点

業界の商慣習や商品の特性により、商品の引渡しは済ませていても単価が後日決まる取引もあります。本事例では、売上高のみを計上して仕入高を計上しなかったため、当期の業績が良く見えてしまいました。必然的に翌期の業績にも影響を与えることになるので、結果的に期間損益計算をゆがめてしまうことになります。

さらに、利益を過大に計上していることになるため、見方によっては粉飾決算とも指摘されかねません。

また、税務調査があった場合は「仕入高の計上漏れ」の指摘を受けることになり、是正の対象となってしまいます。

1 税務の規定

税務においては棚卸資産を販売した場合には、法人税法第22条第3

項に示すように当期の売上高に対応する売上原価を計上することになっています。

法人税法第22条第3項

> 内国法人の各事業年度の所得の金額の計算上当該事業年度の損金の額に算入すべき金額は、別段の定めがあるものを除き、次に掲げる額とする。
> 一　当該事業年度の収益に係る売上原価、完成工事原価その他これらに準ずる原価の額
> 二　前号に掲げるもののほか、当該事業年度の販売費、一般管理費その他の費用（償却費以外の費用で当該事業年度終了の日までに債務の確定しないものを除く。）の額
> 三　当該事業年度の損失の額で資本等取引以外の取引に係るもの

　また、本事例のように仕入代金が未確定である場合を想定した次の通達が定められています。

法人税基本通達2-2-1（売上原価等が確定していない場合の見積り）

> 　法第22条第3項第1号《損金の額に算入される売上原価等》に規定する「当該事業年度の収益に係る売上原価、完成工事原価その他これらに準ずる原価」（以下2-2-1において「売上原価等」という。）となるべき費用の額の全部又は一部が当該事業年度終了の日までに確定していない場合には、同日の現況によりその金額を適正に見積るものとする。この場合において、その確定していない費用が売上原価等となるべき費用かどうかは、当該売上原価等に係る資産の販売若しくは譲渡又は役務の提供に関する契約の内容、当該費用の性質等を勘案して合理的に判断するのであるが、たとえその販売、譲渡又は提供に関連して発生する費用であっても、単なる事後的費用の性格を有するものはこれに含まれないことに留意する。

　つまり通達で示すように、決算日時点において金額を見積もって仕入

（売上原価）に計上しなければなりません。なお、翌期以降において正式に金額が決まった場合には、決算日時点において見積もった金額との差額は、その決まった時点での仕入（売上原価）の修正項目として計上することになります。

ただし、次のような事後的費用の性格を有する費用であり、売上原価とすべきではない費用ついては、その費用の債務が確定している場合を除いて見積もりで計上することはできないので注意が必要です。

① 販売後に支出する消耗品費、補修費、点検費
② 販売後に支出するその他のアフターサービス費用　等

2 本事例の解決策

前述の通達にもあるとおり、仕入代金が未確定の場合には、決算日時点において見積金額により仕入金額を計上しなければなりません。

決算日時点において見積もった単価が、その後において相違することが判明した場合であっても、その見積もりが適正である限り、法人税の申告所得を是正する必要はありません。

具体的な金額は過去の実績や業界の動向などを参考に合理的に決めることになるでしょう。

3 社内規程の作成ポイント

購買管理規程を作成するうえで参考となるサンプル規程および作成のポイントは次のとおりです。

サンプル規程

購買管理規程

第○条　商品を仕入れた時は、品名、数量、単価、納入日などを確認し、注文簿に記載するものとする。

第○条　仕入単価が決まっていない場合には、期末時点で見積もった単価により計上することとする。

第○条　前条により仕入単価を見積もりにより計上した場合において、その後、仕入単価が確定し見積もりと差が生じた場合には、確定した時点で仕入単価を修正することとする。

✓ 作成のポイント

期中に見積単価により仕入を計上した場合は、期末の決算日までにおいて単価が確定したのであれば、必ず期末までに仕入単価を修正しなければなりません。また、期末までに確定していない場合に限り翌期以降に仕入金額を修正することになります。

4 期末仕掛品・期末棚卸

2-5 売上原価の処理・仕掛品の棚卸の確認ルール

◆掲載規程等　原価計算規程

事例

当社のA部門ではテレビ放送用のアニメーション番組〈B物語〉の制作を請け負っています。制作作業は数話分を同時に進めており、決算日時点では完成していないものもあります。なお、制作に係る費用のほとんどが人件費と外注費であり、費用の発生ベースで費用処理をしたまま決算をしています。

先日、税務調査が当社に入り、「期末仕掛品の計上漏れ」との指摘を受けました。

問題点

売上原価は、売上に計上した番組に対応する原価のみを計上することになります。本事例のように決算日時点で売上に計上していない番組に対応する経費がある場合は、その経費を期末仕掛品として計上しなければなりません。

1 税務の規定

本事例のように、売上原価のほとんどが人件費および外注費であったとしても、適正な原価計算により期末仕掛品を計上しなければなりません。税務においては次の通達が定められています。

法人税基本通達5−1−3（製造等に係る棚卸資産の取得価額）

　自己の製造等に係る棚卸資産の取得価額には、その製造等のために要した原材料費、労務費及び経費の額の合計額のほか、これを消費し又は販売の用に供するために直接要した費用の額が含まれるのであるが、次に掲げる費用については、これらの費用の額の合計額が少額(当該棚卸資産の製造原価のおおむね３％以内の金額)である場合には、その取得価額に算入しないことができるものとする。
　⑴　製造等の後において要した検査、検定、整理、選別、手入れ等の費用の額
　⑵　製造場等から販売所等へ移管するために要した運賃、荷造費等の費用の額
　⑶　特別の時期に販売するなどのため、長期にわたって保管するために要した費用の額
　(注)1　⑴から⑶までに掲げる費用の額の合計額が少額かどうかについては、事業年度ごとに、かつ、種類等を同じくする棚卸資産（工場別に原価計算を行っている場合には、工場ごとの種類等を同じくする棚卸資産とする。）ごとに判定することができる。
　　　2　棚卸資産を保管するために要した費用（保険料を含む。）のうち⑶に掲げるもの以外のものの額は、その取得価額に算入しないことができる。

法人税基本通達5−1−4（製造原価に算入しないことができる費用）

　次に掲げるような費用の額は、製造原価に算入しないことができる。
　⑴　使用人等に支給した賞与のうち、例えば創立何周年記念賞与のように特別に支給される賞与であることの明らかなものの額（通常賞与として支給される金額に相当する金額を除く。）
　⑵　試験研究費のうち、基礎研究及び応用研究の費用の額並びに工業化研究に該当することが明らかでないものの費用の額
　⑶　措置法に定める特別償却の規定の適用を受ける資産の償却費の額のうち特別償却限度額に係る部分の金額

(4) 工業所有権等について支払う使用料の額が売上高等に基づいている場合における当該使用料の額及び当該工業所有権等に係る頭金の償却費の額
(5) 工業所有権等について支払う使用料の額が生産数量等を基礎として定められており、かつ、最低使用料の定めがある場合において支払われる使用料の額のうち生産数量等により計算される使用料の額を超える部分の金額
(6) 複写して販売するための原本となるソフトウエアの償却費の額
(7) 事業税及び地方法人特別税の額
(8) 事業の閉鎖、事業規模の縮小等のため大量に整理した使用人に対し支給する退職給与の額
(9) 生産を相当期間にわたり休止した場合のその休止期間に対応する費用の額
(10) 償却超過額その他税務計算上の否認金の額
(11) 障害者の雇用の促進等に関する法律第53条第1項《障害者雇用納付金の徴収及び納付義務》に規定する障害者雇用納付金の額
(12) 工場等が支出した寄附金の額
(13) 借入金の利子の額

法人税基本通達5-1-5（製造間接費の製造原価への配賦）

法人の事業の規模が小規模である等のため製造間接費を製品、半製品又は仕掛品に配賦することが困難である場合には、その製造間接費を半製品及び仕掛品の製造原価に配賦しないで製品の製造原価だけに配賦することができる。

2 本事例の解決策

決算日現在で仕掛中の作業があるときは、その作業の原価を集計して期末仕掛品を計上することになります。

第Ⅱ章　売上・仕入に関する社内規程等

　具体的な方法として、人件費については社内の工程表などによりその作業に関わる人件費を集計します。また、外注費については請求書等により把握します。

　以下はアニメーション番組〈B物語〉の11話と12話が仕掛中である場合における作業原価の集計の例になります。

11話	
従業員甲	○○○円×△△時間＝○○○円
従業員乙	○○○円×△△時間＝○○○円
外注費　C社	○○○円
材料費	○○○円
経費	○○○円
計	○○○円

12話	
従業員乙	○○○円×△△時間＝○○○円
従業員丙	○○○円×△△時間＝○○○円
外注費　D社	○○○円
材料費	○○○円
経費	○○○円
計	○○○円

3 社内規程の作成ポイント

　原価計算規程を作成するうえで参考となるサンプル規程および作成のポイントは次のとおりです。

サンプル規程

>　　　　　　　　　　　　　原価計算規程
>
>　第○条　番組制作に係る原価は、材料費、人件費、外注費及び経費とする。
>　　2．人件費については、作業日報に従って作業時間を集計するものとする。
>　　3．各従業員の時間あたりの人件費単価を定め、作業時間を乗じて人件費を算出する。
>　　4．外注費については、発注書及び受領した請求書により集計するものとする。
>　　5．番組制作にかかった経費において個別に対応しないものについては、月割計算により集計し、各作業に配賦するものとする。

作成のポイント

　原価の集計を無理なくできるように、制作現場の実態にあわせた規程を作成することが望ましいでしょう。

2-6 棚卸資産の確認ルール

◆掲載規程等：棚卸資産管理規程

事 例

　当社の商品は仕入先から当社の倉庫に搬入されて、注文の都度、倉庫から出荷するものがほとんどですが、なかには仕入先から商品を得意先に直接発送するものもあります。
　毎期末に当社の倉庫において実地棚卸を実施していますが、仕入先から得意先へ直接発送する、いわゆる直送品については倉庫に存在しないため、期末棚卸高の計算に含めずに集計していたことが判明しました。

問題点

　本事例では決算時点において販売していない商品を、倉庫に保管されていないという理由で期末棚卸資産に含めなかったことが問題となります。そのため、売上原価が過大に計上されてしまったことで結果的に当期利益が少なく計上されてしまいました。
　もし税務調査があれば「棚卸資産の計上漏れ」の指摘を受けてしまいます。

1 税務の規定

　直送品について直接的に扱いを示したものではありませんが、法人税法第22条第3項第1号に「収益に係る売上原価」が規定されています。これは当期の売上に計上されているものに対応する原価を計上しなければならないということを規定しています。

法人税法第22条第3項

　内国法人の各事業年度の所得の金額の計算上当該事業年度の損金の額に算入すべき金額は、別段の定めがあるものを除き、次に掲げる額とする。

> 一　当該事業年度の収益に係る売上原価、完成工事原価その他これらに準ずる原価の額
> 二　前号に掲げるもののほか、当該事業年度の販売費、一般管理費その他の費用（償却費以外の費用で当該事業年度終了の日までに債務の確定しないものを除く。）の額
> 三　当該事業年度の損失の額で資本等取引以外の取引に係るもの

2 本事例の解決策

　直送品を期末棚卸高に含めるかどうかは、決算日直前に仕入れた商品が売上に計上されているかどうかをまず把握する必要があります。もし決算日時点で売上に計上されていないのであれば、その商品の仕入代金は期末棚卸高の計算に含めることにより、売上原価から除かなければなりません。

　当社の倉庫に存在しなくても期末棚卸高に計上しなければならないものの例として、本事例に掲げた直送品を含め以下のものが考えられます。

① 仕入に計上した直送品で当期の売上に計上されていない商品
② 仕入に計上したが決算日現在において当社の倉庫に到着していない商品
③ 当社の倉庫から出荷したが売上に計上されていない商品（検収基準を採用している場合、当社のトラックに載っている場合など）
④ 当社の倉庫以外の場所に預けている商品
⑤ 売上の返品があり、返送途中で当社の倉庫に到着していない商品
⑥ 委託販売により販売する商品で、委託先に預けている商品

　また、当社の倉庫に保存されている商品であっても、取引先の依頼により預かっている商品は期末棚卸高に含めないことになります。

3 社内規程の作成ポイント

　棚卸資産管理規程を作成するうえで参考となるサンプル規程および作成のポイントは次のとおりです。

サンプル規程

> 棚卸資産管理規程
>
> 第○条　仕入れた商品のうち当社の倉庫に未到着の商品については、実地棚卸高とは区別して期末棚卸高に含めるものとする。
> 　2．仕入れた商品のうち売上に計上されていない直送品については、実地棚卸高とは区別して期末棚卸高に含めるものとする。
> 　3．当社の商品を他社の倉庫へ預けている場合には、期末棚卸高に含めるものとする。
> 　4．取引先から預かっている商品については、保存場所を明確に区別するとともに、当社の実地棚卸高に含めないものとする。

✓ 作成のポイント

(1) 直送品等を期末棚卸高として把握するには、決算日前後の取引を把握するとともに、その商品の物流の流れを確認することが重要です。営業担当者と倉庫担当者の連携が必要となります。
(2) 他社の倉庫に当社の商品を預かってもらっている場合などは、在庫証明書を発行してもらうか、発行してもらえないのであれば納品伝票等を整理しておき、期末棚卸高の資料に含めておくことになります。

第Ⅲ章 人件費に関する社内規程等

第Ⅲ章　人件費に関する社内規程等

1 本章の概要

　会社の業務を遂行するためには様々な費用がかかります。なかでも本章で取りあげる「人件費」は、その枢要なものの1つといえるでしょう。

　人件費には、いわゆる賃金・給料等以外に付加給与とされるフリンジベネフィット（現物給与）等もありますが、本章は賃金・給料等に限定して解説することとし、フリンジベネフィットに関しては第Ⅳ章「その他の経費」の福利厚生費や教育研修費等で解説するものとします。

　人件費には給与の他、賞与および退職金があります。正しくは賞与も退職金も給与に含まれるのでしょうが、解説の便宜のため、ここでは特にことわりがない限りは、日給、週給、月給のように1か月以下の一定の期間ごとに支払われる給与を、単に「給与」、退職により一時に受ける給与を「退職金」、そのいずれにも該当しない給与を「賞与」と呼ぶことにします。

2 各科目ごとにおける税務のポイント

1 給与

　使用人の人件費に関してはその使用人が会社役員と特殊な関係にない限りは、税務上の問題はあまり生じませんが、役員の人件費に関しては損金算入に関する制限規定がありますので、これをめぐって様々な問題が生じます。

　まず、給与に関しては定期同額給与と過大役員給与の問題があります。同族会社の場合、大株主がそのまま会社役員になっているため、会社の利害と役員の利害が一致しており、役員の給与を恣意的に決めてしまいがちです。また、株主総会や取締役会も実際に開催されることはあまり

ありません。

　役員給与が過大か否かの判定基準には実質基準と形式基準の2つがあります。実質基準の観点からは役員給与の支給額が役員の独断によって決まることのないように役員の職位、職務内容等に配慮した役員報酬規程等の整備が必要となり、形式基準の観点からは株主総会議事録等の整備が同様に必要となるでしょう。

　また、事業年度途中で給与の改定が必要になった場合にも、定期同額給与の臨時改定事由の要件を満たすように役員報酬規程等を整備しておく必要があります。

　なお、近年増加している執行役員に関しては、みなし役員に該当するか否かが問題とされることがあります。みなし役員と認められると、その給与については取締役等と同様に損金算入に関する制限規定が働くので注意が必要です。

2　賞与

　使用人の賞与に関しても、給与と同様にその使用人が会社役員と特殊な関係にない限りはあまり問題は生じません。使用人賞与が問題とされるとすれば決算賞与の損金算入時期の問題でしょう。

　会社としては決算賞与を利益が出た事業年度の損金にしたいところです。その事業年度内に決算賞与を支給していれば問題ありませんが、翌事業年度になる場合には注意が必要となります。決算賞与を未払計上して利益が出た事業年度の損金とするには、その年度内に債務が確定している必要があり、賞与支払通知書等のように、年度内に使用人に対して支給額を通知したことを証する書面を整備しておく必要があります。

　一方、役員賞与に関しては事前確定届出給与および利益連動給与等を除き損金には算入できません。使用人兼務役員に対して使用人分のつもりで支給した賞与が損金不算入にならないよう、従業員給与規程および役員報酬・賞与規程等により、使用人分と役員分を明確に区分しておく

必要があるでしょう。

③ 退職金

　使用人の退職金に関しても、他の人件費と同様にその使用人が会社役員と特殊な関係にない限りはあまり問題は生じません。

　役員の退職給与に関しては過大役員退職金および損金算入時期の問題、あるいは退職の事実の有無が問題となることがあります。退職の事実がないとされると、退職金として支給したにもかかわらず役員賞与とされ、会社側は損金不算入となります。また、受給者側は比較的税負担の軽い退職所得から給与所得に変更されてしまうので、会社と受給者の双方にとって大きな問題となります。

1 役員報酬

3-1 支給額決定のルール

◆掲載規程等:株主総会議事録、取締役会議事録

事例

　A社は同族会社であり、取締役は代表取締役社長甲とその妻乙だけでしたが、業務の拡大に伴って甲の長男丙も定時株主総会で役員に就任することになりました。
　役員報酬の改定は毎事業年度開始以後3か月以内に行っていますが、金額については業績を見て甲がすべて決めています。株主は甲の1人だけなので株主総会議事録は作成しておらず、役員変更登記があるときだけ登記用の議事録を司法書士に作成してもらっています。また、会社創立時に定款や創立総会議事録等を作成しましたが、その後は一度も見直しをしていません。

問題点

　取締役の報酬、賞与等の金額や算定方法については定款または株主総会の決議によって定めるものとされています（会社法361）。
　一般的には定款の変更は手間がかかるため、株主総会の決議によって定めることが多く、役員報酬の金額については株主総会で総額を定めておき、役員ごとの個人別の配分は取締役会で決議するという会社も多く見受けられます。
　本事例では、株主でもある甲が取締役報酬を定めているので事実上は株主の同意があったともいえますが、株主総会議事録がないため創立時から現在までの報酬を改定してきた経緯や決議の有無については明確とはいえません。

> 今回、丙が新たに役員に就任することで役員報酬の総額が増加しますが、もし会社創立時に定めた役員報酬総額の限度額を超えてしまっていた場合には、超えた部分の金額が不相当に高額な部分の金額として損金不算入となります。

1 税務の規定

　法人が役員に対して支給する給与の額のうち、不相当に高額な部分の金額は損金不算入となります（法法34②）。

　役員給与が不相当に高額かどうかの判定基準として、実質基準と形式基準の2つの基準が定められており、いずれか大きいほうの金額が損金不算入となります（法令70①）。

① 実質基準

　　その役員の職務の内容、その法人の収益や使用人給与の支給状況、事業種類や規模が類似する法人の役員給与の支給状況に照らし、職務の対価として過大であると認められる金額（法令70①イ）。

② 形式基準

　　その役員に対して支給した給与の額が定款の規定または株主総会等で定めた限度額または算定方法により算定した支給額を超える場合におけるその超える部分の金額（法令70①ロ）。

　税務調査において役員給与が過大ではないかという指摘を受けた場合、実質基準については複数の事情を勘案した総合的な判断となるので会社側の主張をすることができます。しかし、形式基準については会社が定めた支給限度額という明確な金額があり、それを超えているかどうかという点だけの判断になりますので、反論の余地がありません。

2 本事例の解決策

　役員報酬を改定する際は、まず以前に定めた支給限度額を確認し、改定後の金額が支給限度額を超えるか否かを判断します。そこで超えることが明らかであれば、あらかじめ支給限度額を増額することで形式基準に抵触させずに過大な役員給与と指摘されることを防ぐことができます。

　役員報酬に関する決議をした株主総会議事録は税務調査において重要な証拠資料になるので、本事例のように株主でもある社長が1人ですべてを決める会社であっても議事録を必ず作成してください。

　なお、定款の規程または株主総会の決議において役員報酬の支給限度額を定めていなかった場合には、形式基準により、役員に支給した給与の全額が損金不算入になるという考え方があります。しかし、定款の規定または株主総会の決議において役員報酬の支給限度額を定めていないことが役員に対して給与を支給しないことを積極的に意思表示しているものではなく、単に決議を失念していただけであると認められるのであれば、定款または株主総会によって速やかに支給限度額を定めることで、形式基準を満たすことになります。

3 重要文書の作成ポイント

　株主総会議事録、取締役会議事録を作成するうえで参考となるサンプル文書および作成のポイントは次のとおりです。

サンプル文書

株主総会議事録

第○号議案　取締役報酬額の改定の承認に関する件

　議長は、取締役の報酬等の総額を現行の年額金○○○万円以内から年額金×××万円以内に改定することを承認してもらいたい旨を述べ、その可否を諮ったところ、満場一致で一同これを承認可決した。

取締役会議事録

第○号議案　取締役報酬額の決定に関する件

　議長は、各取締役の報酬について平成○年○月支給分より次のとおりとしたい旨を述べ、その理由を説明し、その可否を諮ったところ、満場一致で一同これを承認可決した。

　　　代表取締役　甲　月額報酬　○○万円
　　　取締役　　　乙　月額報酬　○○万円
　　　取締役　　　丙　月額報酬　○○万円

✓ 作成のポイント

(1) 改定後の取締役報酬が支給限度額を超える場合には支給限度額を増額する決議をします。株主総会議事録のサンプル文書では限度額の総額だけを定めていますが、例えば「代表取締役の限度額は○○万円、取締役の限度額は○○万円」など個別に限度額を定めている場合には、それぞれの支給額が限度額を超えていないかの確認が必要です。

(2) 取締役報酬の支給額の変更がいつの支給分から行われるかを明確にしておきます。定期同額給与の要件に該当するように注意してください。

(3) 株主総会で総額を定め、取締役への個別の配分額は取締役会で定めることになっている場合には上記サンプルのように取締役会議事録を作成します。

3-2 勤務実態のない役員報酬

◆掲載規程等：役員報酬規程、取締役会議事録

事例

　A社では、代表取締役社長甲が病気のため2か月間にわたって入院しており、必要に応じて甲の判断を仰いでいるものの従来の職務の大部分が執行できないため、職務内容に応じて複数の役員が代行しています。

　退院の目途はたっていませんが、退院後は従来の職務に復帰するつもりなので代表取締役を交替する予定はありません。

　職務の執行が一部不能になった場合の役員報酬については特別な規程を設けておらず、法人税法の定期同額給与の問題もあるため入院中の期間も従来の金額で役員報酬を支給しています。

問題点

　役員に対して支給する給与については法人税法の定期同額給与の規定があるため、期中での金額改定はほとんど行われず、本事例においても入院中の期間も入院前と同額の役員給与を支給しています。

　しかし、社長としての職務の大部分ができないにもかかわらず、本来の職務の対価として定めた給与の額を支給し続けることは定期同額給与とはまた別の税務の問題が生じます。

　入院が長期化して職務に復帰できない状況のまま入院前と同額の役員給与を支給し続けた場合、支給した役員給与が過大な役員給与であるとされ、一部が損金不算入となるおそれがあります。

1 税務の規定

1 過大な役員給与の損金不算入

　法人が役員に対して支給する給与の額のうち不相当に高額な部分の金

額は、損金不算入となります（法法34②）。

　役員給与が不相当に高額かどうかの判定基準として、実質基準と形式基準の２つの基準が定められており、いずれか大きいほうの金額が損金不算入となります（法令70①）。

①　実質基準

　その役員の職務の内容、その法人の収益や使用人給与の支給状況、事業種類や規模が類似する法人の役員給与の支給状況に照らして職務の対価として過大であると認められる金額（法令70①イ）

②　形式基準

　その役員に対して支給した給与の額が定款の規定または株主総会等で定めた限度額または算定方法により算定した支給額を超える場合におけるその超える部分の金額（法令70①ロ）

　実質基準において、社長本来の職務の対価として決定した役員給与の額が適正であるとすると、入院中の職務の執行が一部不能である状態での職務に対する役員給与の額としては過大であるとも考えられます。

2 定期同額給与の範囲等

　役員の職制上の地位の変更、その役員の職務内容の重大な変更、その他これらに類するやむを得ない事情（臨時改定事由）により改定されたものについては、定期同額給与に該当するものとして取り扱われます（法令69①ロ）。

　入院により従来の職務執行ができなくなったことは臨時改定事由に該当するため、減額後の金額も定期同額給与に該当することとなります。また、退院して従来の職務に復帰したことによって減額前の役員給与の額に戻した場合も臨時改定事由になりますので、同様の取扱いとなります（国税庁ホームページ「役員給与に関するQ&A」平成24年４月改訂［Q5］）。

2 本事例の解決策

　本事例のように職務内容に重大な変更があった場合には、定期同額給与の要件だけではなく、職務内容に対して役員給与の額が相当であるかどうかを注意する必要があります。

　職務内容の実態に見合わない高額な役員報酬は税務の問題のみならず、役員の間での不公平感が生じることもありますので、それを防ぐためにも長期間にわたり職務が執行できなくなった場合の役員報酬規程を定めておき、勤務実態にあった役員給与の支給をすることが大切です。

3 社内規程・重要文書の作成ポイント

　役員報酬規程、取締役会議事録を作成するうえで参考となるサンプル規程・文書および作成のポイントは次のとおりです。

サンプル規程

役員報酬規程

（長期不就業時の役員報酬の減額措置）
第○条　病気療養その他やむを得ない理由により○ヶ月以上職務不能である場合には、本来の支給額からその○分の1相当額の範囲内で減額することができる。

サンプル文書

取締役会議事録

第○号議案　取締役甲の報酬額減額の件
　議長は、取締役甲が病気療養のため○ヶ月以上にわたり本来の職務の執

行ができない状態となったため、取締役甲の報酬を月額○○万円から平成○年○月支給分より月額××万円へ減額したい旨を述べ、可否を諮ったところ、満場一致で一同これを承認可決した。

 作成のポイント

(1) 減額となる場合の職務不能期間や減額の範囲を定めます。職務不能期間の下限が長すぎたり、減額幅が小さすぎて形骸化しないように注意が必要です。
(2) 役員報酬の減額を決議した議事録を作成します。役員報酬の改定が職務内容の重大な変更等の臨時改定事由に該当するものであることがわかるように、理由については詳細に書きます。
(3) 従来の職務に復帰したことにより役員報酬を減額前の金額に戻したという場合も、同様に改定の議事録を作成します。

3-3 分掌変更による役員報酬の臨時改定

◆掲載規程等：職務分掌規程、取締役会議事録

事例

3月決算法人のA社は、専務取締役甲が急逝したため、9月1日に取締役会を開催して常務取締役乙を専務取締役に昇格させました。昇格に伴い乙の役員報酬を月額150万円から前任甲の役員報酬と同額の200万円に増額して支給しています。

問題点

法人が役員に対して支給する給与の金額を事業年度の途中で改定した場合には、原則として定期同額給与に該当しないものとして損金不算入となります。しかし、役員の職制上の地位の変更や職務の内容の重大な変更等の理由により改定したものについては、定期同額給与に含まれるものとされています。

本事例では、乙が常務取締役から専務取締役へと昇格していますが、代表者の変更とは違って登記簿上の変更はなく、職制上の地位の序列や職務権限の範囲は会社によって異なりますので、外部からは変更がわかりづらい面があります。

税務調査では乙の給与の増額が実態を伴った職制上の地位の変更、職務の内容の重大な変更等による給与改定にあたるかが問題とされる可能性があります。

1 税務の規定

1 定期同額給与等に該当しない役員給与の損金不算入

内国法人がその役員に対して支給する給与のうち、定期同額給与等に該当しないものは損金の額に算入しないこととされています。また、定

期同額給与とは次のものになります。
① その支給時期が1月以下の一定の期間ごとである給与(以下「定期給与」)でその事業年度の各支給時期における支給額が同額であるもの(法法34①一)
② 次に掲げる給与改定がされた場合におけるその事業年度開始の日または給与改定前の最後の支給時期の翌日から給与改定後の最初の支給時期の前日またはその事業年度終了の日までの間の各支給時期における支給額が同額であるもの(法令69①一)
　(イ) その事業年度開始の日の属する会計期間開始の日から3月を経過する日等までにされた定期給与の額の改定
　(ロ) 役員の職制上の地位の変更、その役員の職務の内容の重大な変更その他これらに類するやむを得ない事情(臨時改定事由)によりされたこれらの役員に係る定期給与の額の改定
　(ハ) その事業年度において法人の経営の状況が著しく悪化したことその他これに類する理由(業績悪化改定事由)によりされた定期給与の額の改定(定期給与の額を減額した改定に限る)
③ 継続的に供与される経済的な利益のうち、その供与される利益の額が毎月おおむね一定であるもの(法令69①二)

2　職制上の地位の変更等

　職制上の地位の変更等とは、例えば、定時株主総会後、次の定時株主総会までの間において社長が退任したことに伴い臨時株主総会の決議により副社長が社長に就任する場合や、合併に伴いその役員の職務の内容が大幅に変更される場合をいいます(法基通9-2-12の3)。
　ここでいう役員の職制上の地位とは、定款等の規程または総会もしくは取締役会の決議等により付与されたものをいうので、自称専務等は該当しません。

2 本事例の解決策

　役員の職制上の地位や職務の内容に重大な変更があったことを明らかにするには、まずはその地位や会社内での職務権限の範囲が定義されている必要があります。

　職務分掌規程を作成して職制上の地位や職務権限の範囲、序列および指揮命令系統を定義しておくことで、分掌変更による役員給与の改定前後でどのような変更があったかを税務調査の際に具体的に説明することができます。

　職務分掌規程以外にも専務、常務等の職制上の地位を付与することを決議した取締役会等の議事録、分掌変更による給与改定を決議した取締役会等の議事録等も税務調査時の証拠資料として重要な文書となります。

3 社内規程・重要文書の作成ポイント

　職務分掌規程、取締役会議事録を作成するうえで参考となるサンプル規程・文書および作成のポイントは次のとおりです。

サンプル規程

職務分掌規程

（職制上の地位）
第○条　職制上の地位は次のとおりとする。
　　　　取締役社長－専務取締役－常務取締役－取締役－部長－課長
　　　　－係長－社員

（社長の職務権限）
第○条　取締役社長の職務権限は次のとおりとする。
　　① 　会社を代表し、定款及び取締役会で定められた経営方針に基づき、それを実現するため会社業務全般の執行を統括する。
　　② 　取締役会を招集し、議長としてこれを主宰し議事録を作成する。
　　③ 　取締役会の構成員として会社の経営方針の策定及び会社の事業運営に参画する。
　　④ 　会社の代表として対外事項を処理する。

（専務取締役の職務権限）
第○条　専務取締役の職務権限は次のとおりとする。
　　① 　社長を補佐し、会社業務全般の執行を管理する。
　　② 　社長に事故あるときはこれを代行する。
　　③ 　取締役会の構成員として会社の経営方針の策定及び会社の事業運営に参画する。

（常務取締役の職務権限）
第○条　常務取締役の職務権限は次のとおりとする。
　　① 　各常務取締役は取締役会で決定された担当業務を管掌する。
　　② 　社長、専務に事故あるときは順位に従い、これを代行する。
　　③ 　取締役会の構成員として会社の経営方針の策定及び会社の事業運営に参画する。

✅ **作成のポイント**

(1) 職制上の地位はそれぞれの序列がわかるようにします。新しく役職ができた場合は規程の見直しが必要になります。
(2) 職務権限の範囲、内容の違いを職制上の地位ごとに定義しておきます。

サンプル文書

取締役会議事録

第〇号議案　専務取締役選任の件
　議長は、次のとおり専務取締役を選任したい旨及びその理由を詳細に説明し、その可否を議場に諮ったところ、満場一致で一同これを承認可決した。

　　　専務取締役　　〇〇〇〇

　なお、被選任者〇〇〇〇はこれを承諾した。

第〇号議案　専務取締役就任に伴う役員報酬の改定の件
　議長は、取締役〇〇〇〇が専務取締役に就任したことにより、職制上の地位及び職務内容について重大な変更があったことを説明し、役員報酬を現行の月額〇〇万円から平成〇年〇月支給分より月額××万円に改定したい旨を述べ、その可否を議場に諮ったところ、満場一致で一同これを承認可決した。

✓ 作成のポイント

(1) 法人税法における役員の職制上の地位は、定款等の規定、株主総会または取締役会で付与されていることが要件になりますので、専務、常務等の役付取締役が選任された議事録は必ず作成します。
(2) 役員報酬の改定が臨時改定事由によるものとわかるように理由を詳細に記載します。

第Ⅲ章 人件費に関する社内規程等

2 給与手当

3-4 委任契約型の執行役員制度

◆掲載規程等：執行役員規程（委任契約型）

事例

A社では各部門を管理している取締役の業務量が過多となり、経営判断や業務執行に遅れが目立つようになってきたため、委任契約型の執行役員制度を導入しました。執行役員は従業員から選任することとしましたが職務規程の改定はしていません。

問題点

執行役員には「役員」という名称が付いているため、法人税法上の役員に該当するのではないかという疑問が生じます。

執行役員制度の主な目的は、執行役員に業務執行の権限を持たせることにより、取締役に会社の経営判断や重要な意思決定に専念させ、経営の効率化を図ることにあります。

そのため執行役員は経営には参画せず、業務執行についてのみ権限を持つ従業員という立場が一般的です。

しかし、委任契約型では権限は業務執行に限られるものの、就業条件や待遇は取締役と同等であるため、外見からは従業員なのか役員なのかを判断するのが難しい面があります。

法人税法上の役員の範囲は会社法等で定められた取締役等の他に、事実上、役員と変わらない職責を負う者も含まれます。そのため執行役員の権限や職務実態によっては従業員ではなく役員とみなされて給与等の損金算入について制約を受ける可能性があります。

1 税務の規定

　法人税法における役員とは、法人の取締役、執行役、会計参与、監査役、理事、監事および清算人ならびにこれら以外の者で法人の経営に従事している者のうち次に定めるものをいいます（法法2十五）。
① 　法人の使用人（職制上使用人としての地位のみを有する者に限る）以外の者でその法人の経営に従事している者。
② 　同族会社の使用人のうち、一定の要件のすべてを満たしている者で、その会社の経営に従事している者。
　法人税法では取締役等の職制上の役員の地位に就いていなくても、実質的に経営に関与している者は役員として扱われます。

2 本事例の解決策

　委任契約型の執行役員制度では、執行役員と役員の違いが曖昧になりやすいことから、法人税法上の役員とみなされることを避けるためにも、執行役員規程を作成して地位や権限の範囲における役員との違いを明確化することが大切です。
　なお、執行役員制度には委任契約型の他にも雇用契約型や取締役兼務型がありますが、雇用契約型については従業員としての地位が継続するため、同族関係者でない限り、法人税法上の役員に該当することはありません。
　また、取締役兼務型については、執行役員であるとともに取締役の地位も有していますので、法人税法上の役員に該当することになります。

3 社内規程の作成ポイント

　執行役員規程（委任契約型）を作成するうえで参考となるサンプル規定および作成のポイントは次のとおりです。

サンプル規程：委任契約型

執行役員規程

（目的）
第○条　この規程は、執行役員の定義、就任、退任、服務、報酬その他の事項について定める。この規程に定める事項以外の事項については法令、定款、役員規程、取締役会の定めるところによる。

（定義）
第○条　執行役員とは、取締役会によって選任された業務執行を行う責任者をいう。

（選任）
第○条　執行役員は取締役の決議によって選任する。

（就任承諾書の提出）
第○条　執行役員に選任され、就任を承諾した者は、速やかに就任承諾書を取締役に提出するものとする。

（任期）
第○条　執行役員の任期は取締役会における決議日より就任し、就任後2年以内の最終の定時株主総会までとする。
　　　　なお、任期途中での交代による就任、臨時の増員による就任の場合は就任の日から他の執行役員の任期満了の日までを任期とする。

（従業員の身分との関係）
第○条　従業員である者が執行役員に就任したときは、従業員としての身分を失い、執行役員を退任した後も原則として従業員としての再雇用はしないものとする。

（権限）
第○条　執行役員は、取締役会の決定に基づき業務執行を分担するものとする。

（勤務）
第○条　執行役員の勤務は「役員規程」の定めるところに準じる。

作成のポイント

(1) 委任契約型では会社の経営には参画しないなどの権限の違いがありますが、職務規程については原則として役員と同様になります。
(2) 執行役員規程で定められた事項以外のものは役員規程を準用するものとし、従業員就業規則は準用しないように規程を作成します。
(3) 委任型契約では役員と同様に、就任についての承諾書を取締役会に提出することになります。
(4) 権限については業務執行に関するものに限定して、経営判断に及ばないように注意します。

第Ⅲ章　人件費に関する社内規程等

3 賞与

3-5　従業員の決算賞与

◆掲載規程等：賞与支給通知書

事例

　自動車部品製造業であるＡ社（３月決算法人）は、今期の業績が過去最高益となる見込みとなったので、従業員に対して決算賞与を支給することにしました。各人に対する決算賞与の支給額は年度内に決定していましたが、資金繰りの都合により従業員に対する支給は翌期の４月10日に行うこととし、その旨を全従業員に朝礼で伝えてあります。
　Ａ社としては、決算賞与を当期の費用に計上するため、決算上は支給額全額を未払計上する予定です。
　なお、Ａ社の賞与規程には６月と12月の年２回の賞与を支給する旨を定めていますが、決算賞与に関する定めはありません。

問題点

　決算賞与とは決算前後に支給される賞与のことをいいます。年２回の夏と冬の賞与のように、労働協約等により支給することがあらかじめ決まっており、なかば生活給となっている賞与とは異なり、企業の業績が期待以上に良かったときに限って臨時的に支給されるのが決算賞与です。好業績に対する従業員の貢献に報いるとともに、従業員のモチベーションを高める狙いもあります。
　決算賞与については、費用収益対応の観点から、好業績を実現した年度、すなわち支給の対象となった年度の費用とすることが望まれます。

A社もこのような理由から、決算賞与を期末において未払計上するのではないかと思いますが、法人税法上も未払計上したときの損金として認められるかが問題です。

税務の規定

　使用人賞与の損金算入時期については、債務確定主義に従い、原則として実際に支給をした日の属する事業年度としつつ、例外的に次の区分に該当する賞与については、それぞれの区分に定める日の属する事業年度としています（法令72の3）。

① 労働協約または就業規則により定められる支給予定日が到来している賞与（使用人にその支給額の通知がされているもので、かつ、その支給予定日またはその通知をした日の属する事業年度においてその支給額につき損金経理をしているものに限る）⇒その支給予定日またはその通知をした日のいずれか遅い日

② 次に掲げる要件のすべてを満たす賞与⇒使用人に支給額を通知した日

　(イ) その支給額を、各人別に、かつ、同時期に支給を受けるすべての使用人に対して通知をしていること

　(ロ) (イ)の通知をした金額をその通知をしたすべての使用人に対しその通知をした日の属する事業年度終了の日から1月以内に支払っていること

　(ハ) その支給額につき(イ)の通知をした日の属する事業年度において損金経理をしていること

　なお、上記②に関しては、使用人に支給額を通知していたとしても、支給日までに退職した者に対して賞与を支給していなかった場合は、②の(ロ)の要件を満たさないため、支給しなかった賞与の金額だけでなく、

損金経理した未払賞与の全額が損金不算入となる点に注意が必要です。

また、「支給日現在の在職者のみに賞与を支給する」とされていたときは、結果的に退職者がいなかったため、通知した使用人全員に対して、通知した金額を全額支給していたとしても、②の(イ)の支給額の通知には該当しないとされています。

2 本事例の解決策

A社は労働協約等に決算賞与に関する定めをおいていないため、前項の①には該当しません。このため未払計上した決算賞与を事業年度の損金とするためには、前項②に定める要件を満たすよう書類等の整備をする必要があります。

まず前項②の(イ)の要件に該当するかを確認します。A社では決算賞与を支給する旨をすべての従業員に対して朝礼で伝えているようですが、(イ)には「支給額を…すべての使用人に対して通知」するとあるので、決算賞与を支給することのみを伝えただけでは不十分であり、各人別に支給額を通知する必要があります。また、それに伴って、通知した事実を証明できるようにする必要があります。

例えば、支給額を記載した賞与支給通知書等を作成して使用人に交付し、その写しに使用人の確認印を受けるなど、使用人に対して支給額の通知をしたことを後日確認できるようにしておくことが望ましいでしょう。

なお、残る(ロ)および(ハ)については、すでに該当しているので問題ありません。

3 重要文書の作成ポイント

賞与支給通知書を作成するうえで参考となるサンプル文書および作成

のポイントは次のとおりです。

サンプル文書

賞与支給通知書

平成　年　月　日
株式会社A
代表取締役　甲

受給者　○○○○殿

決算賞与を下記のとおり支給することを決定しましたので通知いたします。

　　　支給額　　　＿＿＿＿＿＿＿＿円
　　　支給日　　　平成　年　月　日

本日通知を受け、支給額を確認しました
平成　年　月　日

　　　　　　　　受給者
　　　　　　　　住所:
　　　　　　　　氏名:　　　　　　　　　㊞

✓ 作成のポイント

(1) 各人に対する支給額を通知したことを証するため、「賞与支給通知書」には受給者の氏名、支給額を必ず記載します。
(2) 必ず控えを作成します。控えには受給者の自署押印に加え、年度内に通知を受けたことを証するために、受給者から通知を受けた日を記載してもらう必要があります。

3-6 使用人兼務役員に対する賞与

◆掲載規程等：役員報酬・賞与規程、株主総会議事録 ほか

事例

A社では取締役に対しても従業員と同様に年2回の賞与（事前確定届出給与には該当しない）を支給しています。取締役には賞与規程がないので業績に応じて支給額を決めています。

取締役に支給した賞与のうち、使用人兼務役員とされない役員に対して支給したものは損金不算入としていますが、使用人兼務役員については支給額の大部分が従業員分としての賞与なので全額を損金して算入しています。

問題点

使用人兼務役員に対する賞与支給で起こりやすい税務のトラブルは、使用人兼務役員に支給した賞与について、会社では使用人分の賞与と認識して損金算入していたものが、税務調査で役員分の賞与であると判断されてしまい、定期同額給与に該当しない役員給与として損金不算入になってしまうものです。

本事例では役員と使用人兼務役員の待遇の違いが不明確のため、たとえ使用人兼務役員に対して支給した賞与のうちに使用人分としての賞与が含まれていたとしても、使用人分の金額の根拠を示して説明することができないため、支給額の全額が役員分の賞与であるという指摘を受ける可能性があります。

1 税務の規定

1 法人税法における使用人兼務役員

使用人兼務役員とは、役員のうち、部長、課長その他法人の使用人と

しての職制上の地位を有し、かつ、常時使用人としての職務に従事するものをいいます（法法34⑤）。

ただし、代表取締役、専務、常務等の役員や同族会社の役員で一定の要件を満たす役員は使用人兼務役員とはされません（法令71）。

2 定期同額給与等に該当しない役員給与の損金不算入

内国法人がその役員に対して支給する給与のうち、定期同額給与、事前確定届出給与等に該当しないものは損金の額に算入しないこととされているので、役員に対する賞与は原則として損金不算入となります。ただし、使用人兼務役員に対して支給する使用人としての職務に対する賞与については除かれるため、使用人分の賞与として適正な額であれば損金算入することができます。

また、役員に対する賞与でも事前確定届出給与に該当するものは損金算入することができます（法法34①）。

3 他の使用人と異なる時期に支給した使用人分賞与

使用人兼務役員に対して支給する賞与で使用人としての職務に対するものであっても、他の使用人に対する賞与の支給時期と異なる時期に支給したものについては、不相当に高額な部分の金額として損金不算入となります（法令70③）。

2 本事例の解決策

使用人兼務役員に支給する賞与のトラブルを防止するためには、支給した賞与を役員分と使用人分に明確に区分することに加え、使用人分としての賞与が使用人としての職務に対する対価として適正な金額であることが重要となります。

そのため、役員報酬・賞与規程や株主総会議事録等で使用人兼務役員

の給与の取扱いを具体的に決めておくことが大切です。

3 社内規程・重要文書の作成ポイント

　役員報酬・賞与規程、従業員給与規程、株主総会議事録、取締役会議事録を作成するうえで参考となるサンプル規程・文書および作成のポイントは次のとおりです。

サンプル規程

役員報酬・賞与規程

（賞与の決定）
第○条　取締役の賞与は株主総会で決議した総額の範囲内で取締役会において決定する。
　　２．第１項の総額には使用人兼務取締役の使用人の職務に係る賞与は含まないものとする。

（賞与の計算方法）
第○条　使用人兼務取締役を除く取締役の賞与は、原則として、第○条の役位別係数を用いて計算する。
　　２．使用人兼務取締役の賞与は、原則として、第１項で計算した金額から使用人としての職務に係る賞与に相当する金額を控除して計算する。

（賞与の支給方法）
第○条　取締役の賞与は株主総会の決議後及び取締役会の決定後、速やかに支給する。
　　　　ただし、使用人兼務役員の使用人としての職務に係る賞与については、従業員賞与の支給日に支給する。

（使用人兼務取締役への従業員就業規則の一部適用）
第○条　使用人兼務取締役に支給する使用人としての職務に係る賞与については、従業員給与規程を準用する。

従業員給与規程

（賞与の算定基礎額）
第○条　賞与の算定基礎額は次のとおりとする。
　① 　一般職…基本給×Xヶ月＋特別手当
　② 　管理職…（基本給＋役付手当）×Xヶ月
　　※１　Xヶ月は会社のその期の業績による。
　　※２ 　特別手当は人事考課の評価により決定するが基本給の２ヶ月分を限度とする。

作成のポイント

(1) 役員賞与について取締役と使用人兼務取締役の取扱いが違うことを明らかにします。
(2) 使用人兼務取締役の使用人分賞与は他の使用人と同日に支給することを定めます。
(3) 使用人分賞与について従業員給与規程を準用して他の使用人と同じように算定していることを明確にしておきます。
(4) 使用人分賞与の金額を具体的に計算できるように従業員賞与規程も作成します。

サンプル文書

株主総会議事録

第○号議案　取締役に対する賞与の支給に関する件
　議長は、取締役○名に対し、賞与を支給したい旨及びその金額として総額金○○○万円以内で、これには使用人兼務取締役の使用人分の賞与を含めないものとし、その配分方法は取締役会に一任することを決定してもらいたい旨を述べ、その可否を諮ったところ、満場一致で一同これを承認可決した。

作成のポイント

使用人兼務取締役の使用人分の賞与を含めない旨を記載し、役員分として支給する賞与の金額を決議した議事録を作成します。

サンプル文書

取締役会議事録

第○号議案　取締役に対する賞与の支給決定に関する件

　議長は、平成○年○月○日開催の株主総会において決議された取締役の賞与につき、各人別の金額は役員報酬・賞与規程に基づき算定した下記のとおりとしたい旨及び支給日は平成○年○月○日としたい旨を述べ、その可否を諮ったところ、満場一致で一同これを承認可決した。

　　　　代表取締役　　　　　　○○万円
　　　　取締役　　　　　　　　△△万円
　　　　使用人兼務取締役　　　××万円（使用人分の賞与を含まない。）

 作成のポイント

各人別の金額が役員報酬・賞与規程に基づいて計算されていること、取締役と使用人兼務取締役の取扱いの違い、および使用人分の賞与が含まれていないことがわかるようにしておく必要があります。

4 退職金

3-7 過大役員退職金の取扱い

◆掲載規程等：役員退職慰労金規程

事例

3月決算法人であるA社の代表取締役社長甲は、自己の年齢等の理由により、今度5月に開催される定時株主総会終了時をもって取締役を退任し、会長職に就くこととなりました。

A社としては、甲の長年の功績に報いるため、役員退職慰労金の支給を検討していますが、A社には役員退職慰労金規程がなく、これまでは退任する役員に対して役員退職金を支給する際には、支給額等の決定を社長に一任していました。

問題点

法人が、取締役に対して役員報酬を支給する場合には、一般的には定時株主総会で一事業年度につき支給する役員報酬総額の承認を受け、その総額の範囲内において、各々の取締役に対する金額を取締役会において決定する流れとなっています。

しかし、役員退職金の場合には、その性質上、役員の退任が頻繁に起きないまたは単純に在任年数だけでは貢献度が反映しづらいなどの理由により、社長が諸事情を考慮し、その一存で支給額等の決定をしているケースもいまだに見受けられます。

現行の法人税法においては、役員に対する退職金について、損金算入限度額の規定を設けており、本事例のように支給額の計算根拠が不明確な場合には、税務トラブルが生じる可能性が高くなります。

1 税務の規定

　法人税法では、損金算入限度額が設けられていますが、条文等で具体的な計算方法は示されておらず、不相当に高額な部分の金額については損金の額に算入しないとだけ規定しています（法法34②）。
　また、不相当に高額な部分の金額の考え方については、施行令に次のように規定されています。

法人税法施行令第70条第2号

> 　内国法人が各事業年度においてその退職した役員に対して支給した退職給与の額が、当該役員のその内国法人の業務に従事した期間、その退職の事情、その内国法人と同種の事業を営む法人でその事業規模が類似するものの役員に対する退職給与の支給の状況等にに照らし、その退職した役員に対する退職給与として相当であると認められる金額を超える場合におけるその超える部分の金額

2 本事例の解決策

　何をもって支給額の金額が妥当であるかは税務上基準がないため、法人側においては、少なくともその支給に至った経緯、計算根拠を何らかの形で示し、その支給額の妥当性を明確にしなければなりません。
　何も根拠がなければ、税務調査の際に法人が恣意的、いわゆるお手盛りで支給額を決定したものとみなされ、損金不算入となってしまうケースも考えられます。
　そのようなトラブルを回避するために、法人としては役員退職慰労金規程・株主総会議事録等の書類を整備しておく必要があります。

3 社内規程の作成ポイント

役員退職慰労金規程を作成するうえで参考となるサンプル規程および作成のポイントは次のとおりです。

サンプル規程

役員退職慰労金規程

（目　的）
第○条　この規程は、当会社の取締役が退任（在任中の死亡を含む　以下同じ）した場合に、当該取締役又はその遺族に対して支給する退職慰労金の処理の基準を定める。

（退任の定義）
第○条　この規程にいう「退任」とは、最終的に取締役の地位を離れることをいう。

（決定基準）
第○条　取締役の退職慰労金は、株主総会の決議を経て、この規程の定めによって取締役会が決定した退職慰労金を支給する。

（基準額）
第○条　退職慰労金の基準額は、当該取締役の退任時において、現に適用されている報酬月額に役位ごとの在任期間の年数を乗じ、さらに、下記第3項で定める役位別功績倍率を乗じて算出した金額の合計額とする。
　2．第1項に定める在任期間に1年未満の端数月がある場合には、月割り計算する。ただし、1ヶ月未満の端数がある場合には1ヶ月に切り上げる。
　3．退職慰労金の役位別功績倍率は、次のとおりとする。

> 　　　　代表取締役社長　2.0
> 　　　　専務取締役　　　1.5
> 　　　　常務取締役　　　1.2
> 　　　　取　締　役　　　1.0
>
> （支給期日・方法等）
> 第○条　退職慰労金の支給期日・方法等は、株主総会の決議に従い取締役
> 　　　　会が決定する。

 作成のポイント

役員退職慰労金規程には、少なくとも以下の事項の記載が必要となります。
① 支給対象者
② 決定方法
③ 役員退職金の計算方法
④ 支給時期・支給方法（年金支給の場合は別途規定）

①は支給対象となる役員の範囲（使用人兼務役員・非常勤取締役の取扱いについても）や役員が在任期間中に死亡した場合の取扱いなどです。

②は役員退職慰労金規程に基づいて計算した金額を最終的に取締役会で承認するのが一般的です。

③は例えば次のようなものがあります。
　　最終役員報酬月額×役員在任期間（※1）×功績倍率（※2）
　　※1　役位で在任期間を分ける場合もあります。
　　※2　役位によって倍率が異なります。

④は一括支給が原則ですが、会社都合により条件を定めて分割支給する場合もあります。

なお、サンプル規程における功績倍率はあくまでサンプルです。同業種の相場等を確認して定めるようにしましょう。

3-8 役員退職慰労金の分割支給

◆掲載規程等:役員退職慰労金規程

事例

A社の取締役甲は次の定時株主総会をもって退任することとなっています。A社は甲に対して規程に基づいて役員退職金6,000万円を支給する予定でしたが、資金繰りの都合により毎年2,000万円を3年間で支給することを決め、甲の了承も得ていました。

またA社は、役員退職金を支払った事業年度ごとに、その分割金額を特別損失として計上したいと考えています。

問題点

役員退職金は、資金的にも損益的にも比較的影響が大きい項目なので、金融機関・取引先の手前、決算書においてあまり目立たせたくないと考える経営者も多いでしょう。

法人税法では、株主総会の決議等により退職金の額が確定した日の属する事業年度において損金算入することを原則としています。しかし、役員の死亡に伴い退職金が支払われるケースでは、支払事業年度と株主総会の承認を得た事業年度が違うこともあるため、実際に支払われた事業年度において損金経理した場合には、これを認めるとされています。

したがって、本事例のように分割支給をすることも可能となりますが、分割期間が長期にわたる場合には、税務上退職年金であるとみなされてしまう場合もあるために注意が必要です。

1 税務の規定

役員に対する退職給与の損金算入の時期については、通達に次のように規定されています。

第Ⅲ章　人件費に関する社内規程等

法人税基本通達9-2-28（役員に対する退給給与の損金算入時期）

> 退職した役員に対する退職給与の額の損金算入の時期は、株主総会の決議等によりその額が具体的に確定した日の属する事業年度とする。ただし、法人がその退職給与の額を支払った日の属する事業年度においてその支払った額につき損金経理をした場合には、これを認める。

したがって、法人が役員退職金を損金の額に算入するためには経理処理として2つの方法があり、本事例のケースをもとに仕訳すると次のようになります。

① 全額決議された日を含む事業年度で損金の額に算入する場合
　■具体的な支給額が確定した日
　（借方）役員退職金　6,000万円　　（貸方）未払金　6,000万円
　■支払った日の仕訳
　（借方）未払金　　　2,000万円　　（貸方）預貯金　2,000万円
② 支払いの都度、損金の額に算入する場合
　（借方）役員退職金　2,000万円　　（貸方）預貯金　2,000万円

2 本事例の解決策

役員退職金を分割支給する場合の注意点としては、次のようなことがあげられます。

① 分割の有無に関係なく、支給総額について株主総会の決議等が必要となります。
② 分割支給が利益調整を意図したものと誤解されないよう、あらかじめ退職金の総額および分割支給の終期を明確に定める必要があります。終期等の定めがない場合には、利益調整または税負担の軽減が目的であると税務当局に指摘される可能性があります。
③ 分割期間が長期にわたる場合、税務上退職年金の取扱いとなる可

能性があります。

　その支給が長期間にわたった場合、税務当局がその総額を一時的な費用の発生ではなく費用の引当てとしての性格が強いと判断するケースが多いことから、実務のうえでは分割期間を最長3年以内とし、税務トラブルを回避する場合が多いようです。

　また、会社の経理処理が退職年金であるとされた場合、法人税においては各支給日の属する事業年度でのみ損金算入が認められ、所得税においては、支給を受けた個人の課税は退職所得としてではなく、雑所得として課税されることとなります（法基通9－2－29）。

3　社内規程の作成ポイント

　役員退職慰労金規程を作成するうえで参考となるサンプル規程および作成のポイントは次のとおりです。

サンプル規程

役員退職慰労金規程

（分割支給）
第○条　支給対象者の了承を得た場合に限り、役員退職金の分割支給ができるものとする。
　　　　ただし、その期間は最長3年とする。

（退職年金）
第○条　役員が退職したときは、一時金に代え、○年間を上限として退職年金を支給することができる。

(退職年金の額)
第○条　退職年金の月額は、役員在職年数に応じて次により算出される金額とする。

　　　　最終報酬月額×別表に定める率

 作成のポイント

　役員退職金については、対象者・金額・経理処理方法など税務的に注意すべき事項が多く存在します。したがって、役員退職慰労金規程を作成する際には、現時点で想定できる事項を漏れなく列挙、記載しておく必要があります。

3-9 役員退職慰労金規程の整備

◆掲載規程等：役員退職慰労金規程

事例

A社は任期満了に伴って取締役を退任した甲に対して退職金1億円を支給しました。甲はA社の創業者であり、代表取締役社長を長男乙に譲った後も非常勤取締役として会社に残っていました。甲は代表取締役社長を退く際に退職金の支給を受けていなかったため、取締役を完全に退任する際に支給を受ければよいと考えていました。

甲の役員退職慰労金計算の基礎となるデータは次のとおりです。

	最終報酬月額	在任年数
代表取締役社長退任時	120万円	35年
非常勤取締役退任時	20万円	5年

問題点

会計上、役員退職慰労金は報酬の後払いであり、在任期間の功績に伴う報奨または利益処分たる性格を有していると考えられています。しかし、その計算方法については会計基準等で示されてはいないため、各社独自のルールで算定されているのが実情です。

法人税法においては役員退職金の支給額のうち、次のいずれも損金の額には算入しないとしています。

① 不相当に高額な部分の金額
② 事実を隠ぺい等して支給した金額

しかし、法人税法においては具体的な計算根拠などが示されてないので、税務調査の際、その金額の多寡等について指摘事項になりやすいので注意が必要です。

1 税務の規定

法人税法においては、役員退職金の損金算入の考え方を次のように規定しています。

法人税法第34条第2項、第3項

> 2　内国法人がその役員に対して支給する給与（前項又は次項の規定の適用があるものを除く。）の額のうち不相当に高額な部分の金額として政令で定める金額は、その内国法人の各事業年度の所得の金額の計算上、損金の額に算入しない。
> 3　内国法人が、事実を隠蔽し、又は仮装して経理をすることによりその役員に対して支給する給与の額は、その内国法人の各事業年度の所得の金額の計算上、損金の額に算入しない。

なお、「不相当に高額な部分」の考え方は施行令に次のように規定されています。

法人税法施行令第70条第2号

> 内国法人が各事業年度においてその退職した役員に対して支給した退職給与の額が、当該役員のその内国法人の業務に従事した期間、その退職の事情、その内国法人と同種の事業を営む法人でその事業規模が類似するものの役員に対する退職給与の支給の状況等に照らし、その退職した役員に対する退職給与として相当であると認められる金額を超える場合におけるその超える部分の金額

2 本事例の解決策

会社側においては、少なくとも「退職」の事実に基づき、かつ、事前

に作成された規程にそって役員退職慰労金を決定および支給すれば、事実を隠ぺい等して支給したとされる規定には該当しないものと考えられます。

一方、不相当に高額とされないための退職給与として相当と認められる額については、法人税法上具体的な算定方法は示されておらず、実際にこれをどのように算定するかが問題となります。

実務上、広く使用されている計算方法としては功績倍率を用いたものがあり、例えば本事例の数字を基に計算すると次のようになります。

> ① 代表取締役社長在任期間における退職給与相当額
>   最終報酬月額120万円×功績倍率2.0×在任年数35年＝8,400万円
> ② 非常勤取締役在任期間における退職給与相当額
>   最終報酬月額20万円×功績倍率0.5×在任年数5年＝50万円
>
>   役員退職慰労金の金額＝①＋②＝8,450万円
>   ※功績倍率は下記のサンプル規程を参照。

3 社内規程の作成ポイント

役員退職慰労金規程を作成するうえで参考となるサンプル規程および作成のポイントは次のとおりです。

サンプル規程

> 役員退職慰労金規程
>
> （目的）
> 第○条　この規程は、当会社の取締役が退任（在任中の死亡を含む　以下同じ）した場合に、当該取締役又はその遺族に対して支給する退職慰労金の処理の基準を定める。

(退任の定義)
第○条　この規程にいう「退任」とは、最終的に取締役の地位を離れることをいう。

(決定基準)
第○条　取締役の退職慰労金は、株主総会の決議を経て、この規程の定めによって取締役会が決定した退職慰労金を支給する。

(算定基準)
第○条　退職慰労金は、在任した役位と在任した期間に応じて、次の算定式により算定した金額の累計とする。

　　　　退職慰労金の金額＝
　　　　役位別基準額（最終報酬月額）×役位別功績倍率×在任年数

２．第１項に定める在任期間に１年未満の端数月がある場合には、月割り計算する。ただし、１ヶ月未満の端数がある場合には１ヶ月に切り上げる。

３．退職慰労金の役位別功績倍率は、次のとおりとする。

　　　　　　代表取締役社長　　2.0
　　　　　　専務取締役　　　　1.5
　　　　　　常務取締役　　　　1.2
　　　　　　取　締　役　　　　1.0
　　　　　　非常勤取締役　　　0.5

(弔慰金)
第○条　役員が在任中に死亡したときは、次の金額を弔慰金として支給する。弔慰金のうちには、葬祭料・花輪代は含まない。

　　　　業務上の死亡の場合……退任時の報酬月額×36ヶ月分
　　　　その他の死亡の場合……退任時の報酬月額×６ヶ月分

(功労加算等)
第○条　退任役員のうち、在任中特に功労のあった者に対して前○条により算出した金額に、その金額の○○％を超えない範囲で加算することができる。

(支給期日・方法等)
第○条　退職慰労金の支給時期は、原則として株主総会直後の取締役会での決定後1ヶ月以内とする。ただし、取締役会がやむを得ない事情があると認める場合には、株主総会前であっても本規程に従い計算し、かつ取締役会の決定を受けた場合に限り、同様の扱いとする。また、支給時期、回数、方法につき、役員又はその遺族の了承を得た場合には、別に定めることができる。

(分割支給)
第○条　支給対象者の了承を得た場合に限り、役員退職金の分割支給ができるものとする。ただし、その期間は最長3年とする。

(債務の償還)
第○条　退職慰労金支給時に、会社に対して債務がある場合には、退職慰労金から控除償還させることができる。

(規程の変更)
第○条　この規程を変更する場合には、取締役会の決議を経なければならない。

(その他の事項)
第○条　この規程に定めのない事項で、特に必要な事項が生じたときは、取締役会でその都度審議決定する。

✓ 作成のポイント

　役員退職慰労金規程を作成する際には、ただ単に算定基準を定めるだけではなく、支給対象者、決定基準、支給期日、支払方法、分割支給に関する事項等を盛り込んでおいたほうがより望ましいでしょう。
　なお、サンプル規程における功績倍率はあくまでもサンプルです。同業種の相場等を確認して定めるようにしましょう。

3-10 使用人から執行役員への昇格

◆掲載規程等：執行役員規程

事例

A社は今年9月より執行役員制度の導入を考えています。その際、現在使用人である甲を執行役員とし、甲に対して従業員の退職金規程に基づき、退職金を支給することとしています。

また、新しく作成した執行役員規程の中では、「執行役員を退任する際に退職金を支給すること、またその金額の計算は執行役員在任期間をもとに行い、使用人の勤続期間については加味しないこと」などを盛り込んでいます。

問題点

執行役員制度は、取締役の数が多くなることで、会社の意思決定スピードが遅くなる弊害を解消するために導入された制度であり、会社内に意思決定機関(取締役会)と業務執行機関を配置する仕組みとなっています。

また、執行役員は一般的に業務執行機関に所属し、各事業部門の業務執行に対する責任と権限を有することとなりますが、取締役のように法律上具体的な位置付けがなく、単なる名称として機能しているのが現状です。

本事例のように、従業員から執行役員に就任し、かつ従業員の勤務期間に対して退職金を支払う場合、従業員と執行役員の間に勤務関係の性質、内容、労働条件等において重大な変動がなければ、税務上退職の事実がないとみなされることが考えられます。

1 税務の規定

法人税法においては、職制上または勤務形態の変更に伴い支給される退職金の取扱いについて様々な規定を設けており、従業員から執行役員に就任する際に支給される退職金についても、その個々の事例の内容か

ら判断して、その就任について勤務関係の性質、内容、労働条件等の重大な変動があり、かつ形式的に継続している勤務関係が実質的には単なる従前の勤務関係の延長とはみられないなどの特別の事実関係があると認められる場合には、退職手当等に該当することに留意するとしたうえで、例えば、次のいずれにも該当する執行役員制度のもとで支払われるものは退職手当等に該当するとしています（所基通30－2の2）。

① 執行役員との契約は、委任契約またはこれに類するもの（雇用契約またはこれに類するものは含まない）であり、かつ、執行役員退任後の使用人としての再雇用が保障されているものではないこと。

② 執行役員に対する報酬、福利厚生、服務規律等は役員に準じたものであり、執行役員は、その任務に反する行為または執行役員に関する規程に反する行為により使用者に生じた損害について賠償する責任を負うこと。

（注） 上記①、②の退職手当等の要件

使用人（職制上使用人としての地位のみを有するものに限る）からいわゆる執行役員に就任した者に対してその就任前の勤続期間に係る退職手当等として一時に支払われる給与（当該給与が支払われた後に支払われる退職手当等の計算上当該給与の金額の計算の基礎となった勤務期間を一切加味しない条件のもとに支払われるものに限る）のうち、①、②のいずれにも該当する執行役員制度のもとで支払われるもの。

2 本事例の解決策

執行役員制度には委任型と雇用型の2種類があり、前者の委任型は、民法第643条の委任契約に基づき事務処理を行うもので、会社法における取締役の就任も委任契約で行われます。後者の雇用型は、従業員と同様の雇用契約によるもので、執行役員の地位が従業員の最高位となって

おり、従業員の延長線上に位置付けられるのが一般的です。

法人税法においては、従業員時代との境界を明確にすべく、契約が委任契約によるもの、および執行役員規程が役員規程に準じていることを前提としているため、職制変更の度に退職金の支給を行う場合には、委任型による執行役員制度を整える必要があります。

3 社内規程の作成ポイント

執行役員規程を作成するうえで参考となるサンプル規程および作成のポイントは次のとおりです。

サンプル規程

執行役員規程

（目的）
第○条　この規程は、○○株式会社（以下「会社」）の執行役員の就任、服務、退任及び報酬その他の事項について定める。

（定義）
第○条　執行役員とは、取締役会によって選任された会社の業務執行を行う責任者をいう。

（忠実義務）
第○条　執行役員は、この規程を遵守し、取締役会の決定に従い、代表取締役の指示の下に会社の業務を執行する。

（選任）
第○条　執行役員は取締役会の決議によって選任する。

(就任承諾書の提出)
第○条　執行役員に選任された者は、速やかに就任承諾書を会社に提出するものとする。

(任期)
第○条　執行役員の任期は取締役会における決議日より就任し、就任後2年以内の最終の定時株主総会終結時までとする。

(従業員の身分との関係)
第○条　従業員である者が執行役員に就任したときは、従業員としての身分を失うものとする。

(権限)
第○条　執行役員は、取締役会の決定に基き業務執行を分担するものとする。

(勤務)
第○条　執行役員の勤務は「役員規程」の定めるところに準じる。

(退任)
第○条　執行役員が次の各号のいずれかに該当するときは退任とする。
　　　　① 任期満了
　　　　② 辞任
　　　　③ 解任
　　　　④ 死亡
　　　　⑤ 執行役員の資格を喪失

(報酬)
第○条　執行役員の報酬は、「執行役員報酬規程」に基づき、取締役会で決定する。

(退職慰労金)
第○条　執行役員が退任するときは、執行役員報酬規程に基づき退職慰労金を支給する。

> ✅ **作成のポイント**
>
> 執行役員制度を導入し、従業員勤務期間に対する退職金を支給する際に注意すべき事項としては、次のようなものがあります。
> ① 執行役員規程が従業員の規程に準じていないこと
> ② 職制上の違いを明確にしておくこと
> ③ 執行役員の就任の際、就任承諾書を受領すること

3-11 役員退職慰労金の損金算入時期

◆掲載規程等：役員退職慰労金規程、取締役会議事録

事例

3月決算法人であるA社の取締役甲が2月に交通事故で死亡しました。A社は役員の退職金の原資にあてるために役員を被保険者とした生命保険契約を保険会社と締結しています。この保険事故に伴いA社は保険会社に請求を行い、3月中旬に生命保険金3,000万円の支払いを受けました。ただし、A社は株主総会の日程調整等に時間を要したことにより株主総会の決議が4月末となり、遺族に対する退職金の支払いが5月末となってしまいました。

問題点

役員に対して退職金を支払う場合、法人税法では、株主総会の決議等により退職金の額が確定した日の属する事業年度において損金算入することを原則としていますが、実際に支給された日の属する事業年度において損金経理をした場合にも、これを認めるとしています。

しかし、本事例のように生命保険金の支給を受けた事業年度と株主総会の決議および退職金が支給された事業年度が異なる場合には、同じ事業年度内で益金処理と損金処理がされていないため、無用な税負担が生じてしまいます。

1 税務の規定

役員に対する退職給与の損金算入の時期については、通達に次のように規定されています。

法人税基本通達9－2－28（役員に対する退職給与の損金算入の時期）

> 退職した役員に対する退職給与の額の損金算入の時期は、株主総会の決議等によりその額が具体的に確定した日の属する事業年度とする。ただし、法人がその退職給与の額を支払った日の属する事業年度においてその支払った額につき損金経理をした場合には、これを認める。

2 本事例の解決策

本事例のような処理の期ずれを避けるためには、次のような点に注意する必要があります。

① 役員退職金の支給が株主総会の決議等より先行する場合

　事前に作成された役員退職金規程に基づいて支給を行い、かつ、その支給事業年度において損金経理をすることにより支払った事実を確定させます（仮払金処理では認められない）。

② 株主総会の決議等が役員退職金の支給日以前に行われる場合

　役員の都合（死亡・病気療養等）による退任以外では、一般的に定時株主総会開催日に行われることが多いため、株主総会の決議等が先行します。

　なお、本事例のように決議等が実際に行われた日と決算日が近い場合は、作成した株主総会議事録に公証役場で確定日付を付与してもらうことが望ましいでしょう。そうすることで、決算日までにその決議の事実があったことを証明することができます。

③ 保険会社へ保険金請求をする場合

　実際に保険事故が発生してから、会社の損益のことを考慮して相当の期間が経過した後に保険金の請求をした場合は、税務上、恣意的に遅延させたとみなされるケースもあるため、事前に保険内容を入念に確認しておく必要があります。

3 社内規程・重要文書の作成ポイント

　役員退職慰労金規程と取締役会議事録を作成するうえで参考となるサンプル規程・文書および作成のポイントは次のとおりです。

サンプル規程

役員退職金慰労金規程

（目的）
第○条　この規程は、当会社の取締役が退任（在任中の死亡を含む。以下同じ）した場合に、当該取締役又はその遺族に対して支給する退職慰労金の処理の基準を定める。

（退任の定義）
第○条　この規程にいう「退任」とは、最終的に取締役の地位を離れることをいう。

（決定基準）
第○条　取締役の退職慰労金は、株主総会の決議を経て、この規程の定めによって取締役会が決定した退職慰労金を支給する。

（基準額）
第○条　退職慰労金の基準額は、当該取締役の退任時において、現に適用されている報酬月額に役位ごとの在任期間の年数を乗じ、さらに、第3項で定める役位別加算倍率を乗じて算出した金額の合計額とする。
　2．第1項に定める在任期間に1年未満の端数月がある場合には、月割り計算する。
　　　ただし、1ヶ月未満の端数がある場合には1ヶ月に切り上げる。
　3．退職慰労金の役位別功績倍率は、次のとおりとする。
　　　　　　代表取締役社長　　2.0
　　　　　　専務取締役　　　　1.5

第Ⅲ章　人件費に関する社内規程等

>　　　　常務取締役　　　　1.2
>　　　　取　締　役　　　　1.0

（弔慰金）
第○条　役員が在任中に死亡したときは、次の金額を弔慰金として支給する。弔慰金のうちには葬祭料・花輪代は含まない。
　　業務上の死亡の場合……退任時の報酬月額×36ヶ月分
　　その他の死亡の場合……退任時の報酬月額×6ヶ月分

（支給期日・方法等）
第○条　退職慰労金の支給時期は、原則として株主総会直後の取締役会での決定後1ヶ月以内とする。ただし、取締役会がやむを得ない事情があると認める場合には、株主総会前であっても本規程に従い計算し、かつ取締役会の決定を受けた場合に限り、同様の扱いとする。また、支給時期、回数、方法につき、役員又はその遺族の了承を得た場合には、別に定めることができることとする。

サンプル文書

取締役会議事録

第○号議案　死亡退任した○○○○殿の死亡退職金等の支給に関する件について

　平成○年○月○日死亡により退任した○○○○殿の遺族に対する死亡退職金等の決定については、役員退職慰労金規程に基づいて金額、支払方法等を次のように原案を提示して議場に賛否を諮ったところ、満場一致で原案どおり決定した。

記

金額の確定
　　死亡退職金　　○○○○万円
　　弔　慰　金　　○○○万円

```
        功労加算金      〇〇〇万円
        支払時期    平成〇年〇月〇日
        支払方法    遺族代表者の指定口座に振込にて支払う
```

 作成のポイント

　法人税法第22条では、所得の金額の計算上損金の額に算入すべき金額は、原則その事業年度において債務が確定している金額であるとしています。したがって、本事例のケースにおいて保険金を受領した事業年度と同事業年度に損金経理を行う場合には、規程にそって支給額が決議等された事実、およびその決議等が決算日前に確実に行われたことをいかに証明するかが重要となってきます。

3-12 分掌変更時の退職慰労金の支給

◆掲載規程等：相談役・顧問に関する規程

事 例

A社の代表取締役甲は、代表取締役を退き、甲の長男である専務取締役乙に代表権を譲りました。
甲はしばらくの間、乙を補佐するために非常勤取締役として会社に残ることとし、A社は甲に対し役員退職慰労金を支給しました。

問題点

昨今、社会問題となりつつある団塊世代の大量離職を目前に控え、中小企業においても世代交代の時期が到来しています。しかし、前代表者から後任者に対して、いきなり全権限を移譲して組織運営をさせることは会社関係者に対して不安を与えるため、実情としては数年間、前代表者はお目付け役として会社に籍を置き、徐々に権限を移譲するケースが一般的です。

法人税法においては、退職金の損金算入について、原則として「退職の事実」に基づいて支給されたもののみが対象となっていますが、引き続き会社に籍を置く場合に支給したものであっても、一定の条件を満たせば、実質的に退職したものとみなして損金算入の取扱いをしてもよいとしています。

ただし、退職金の支給を受けた者が、実質的に経営に参画しているとみなされれば、税務トラブルに発展するため、その支給を受けた者の役職を定める際には注意が必要です。

1 税務の規定

分掌変更等に伴い退職金を支給した場合の取扱いについては、通達に次のように規定しています。

法人税基本通達9-2-32（役員の分掌変更等の場合の退職給与）

> 　法人が役員の分掌変更又は改選による再任等に際しその役員に対し退職給与として支給した給与については、その支給が、例えば次に掲げるような事実があったことによるものであるなど、その分掌変更等によりその役員としての地位又は職務の内容が激変し、実質的に退職したと同様の事情にあると認められることによるものである場合には、これを退職給与として取り扱うことができる。
>
> (1)　常勤役員が非常勤役員（常時勤務していないものであっても代表権を有する者及び代表権は有しないが実質的にその法人の経営上主要な地位を占めていると認められる者を除く。）になったこと。
>
> (2)　取締役が監査役（監査役でありながら実質的にその法人の経営上主要な地位を占めていると認められる者及びその法人の株主等で法令第71条第1項第5号《使用人兼務役員とされない役員》に掲げる要件の全てを満たしている者を除く。）になったこと。
>
> (3)　分掌変更等の後におけるその役員（その分掌変更等の後においてもその法人の経営上主要な地位を占めていると認められる者を除く。）の給与が激減（おおむね50％以上の減少）したこと。
>
> 　　（注）　本文の「退職給与として支給した金額」には、原則として、法人が未払金等に計上した場合の当該未払金等の額は含まれない。

2 本事例の解決策

本事例の解決策としては次の2つが考えられます。

① 代表取締役を退任した後はすべての役員に就任せず、相談役や顧問等となること

② 代表取締役を退任した後も役員は続けるが、法人税基本通達9-2-32の要件を満たすようにすること

このうち①は、甲が代表取締役を退任するとともに役員の地位をすべ

て失うため、甲の退職の事実が明確となりますので、一般的には①のほうが税務上のトラブルは生じにくいと思われます。

②は代表取締役退任後も甲が役員として会社に残る必要がある場合のみ採用すべき解決策です。

なお、①②を採用するにしても、甲の代表取締役退任後は甲がA社の経営上主要な地位を占めていると認められないようにする必要があることはいうまでもありません。

以下に紹介するサンプル規程は①の例です。

3 社内規程の作成ポイント

相談役・顧問に関する規程を作成するうえで参考となるサンプル規程および作成のポイントは次のとおりです。

サンプル規程

相談役・顧問に関する規程

（目的）
第○条　相談役及び顧問（以下「相談役等」）の委嘱条件等に関しては、この規程の定めるところによる。

（基準）
第○条　会社は業務の必要に応じ、以下の基準に基づいて、相談役等に委嘱するものとする。
　①　相談役は代表取締役社長の職にあった者に限る
　②　顧問は取締役の職にあった者又は学識経験者等に限る

（任免）
第○条　相談役等の任免は取締役会の決議によるものとする。

(任期)
第○条　相談役等の任期は○年間とする。ただし協議の上、本契約を更新することができる。

(任務)
第○条　相談役等は代表取締役社長の特命事項を管掌する。

(非常勤の原則)
第○条　相談役等は非常勤を原則とする。

(報酬)
第○条　相談役等の報酬については、それぞれの業務に応じて代表取締役社長が決定する。

(退職金)
第○条　相談役等には退職金を支給しないこととする。

✓ 作成のポイント

役員を退任した者が就任する相談役・顧問等は、会社法に規定された機関ではなく、設置は会社の自由となっています。したがって、これらの役職を新規で置く場合には、相談役規程等で任期、待遇、勤務内容を定めて、役員との違いを明確にしておく必要があります。

3-13 役員の死亡退職金と弔慰金

◆掲載規程等：役員退職慰労金規程、株主総会議事録

事例

　A社の取締役甲が任期途中で病死したため、A社は甲の遺族に対して退職慰労金を支給しました。支給額はA社の役員退職慰労金規程に基づいて算定し、株主総会の決議を経て決定したものです。

　ただし、A社の役員退職慰労金規程には弔慰金の定めがないため、退職慰労金として退職手当金等と弔慰金等を一括して支払いました。

　ところが支給後、甲の遺族から、相続税申告の関係から退職慰労金を退職手当金等と弔慰金等に分けてもらえないかとの要請がありました。

問題点

　役員が死亡したことにより、その役員の遺族に対して退職慰労金や弔慰金を支給することがあります。

　相続税の申告において退職慰労金であればみなし相続財産となり、一定の非課税額を超える部分は相続税の課税対象とされますが、弔慰金はみなし相続財産とされないため、相続税が課税されないとともに、所得税の非課税所得に該当するので所得税等も課税されることはありません（相法3①二・12①六、所基通9－23）。

　本事例の場合、遺族に対して支給した退職慰労金をみなし相続財産となる退職手当金等の部分と非課税となる弔慰金等の部分に明確に区分していれば、甲の遺族の相続税を軽減できる可能性があります。

　なお、役員の遺族に支給した退職慰労金に係る税務に関しては、支給した会社側に対する過大役員退職給与の問題もありますが、本事例では退職慰労金と弔慰金等の区分に限定して解説を行います（法法34②）。

1 税務の規定

1 退職手当金等の判定

　役員が死亡したことにより、その役員の遺族に対して支給した退職慰労金等を、みなし相続財産である退職手当金等と非課税となる弔慰金等に区分する必要があります。

　まず、被相続人の死亡により相続人その他の者が受ける金品が退職手当金等に該当するかどうかの判定は、次によることとされています（相基通3－19）。

① 退職給与規程その他これに準ずるものの定めに基づいて支給される場合⇒当該退職給与規程等にて判定
② その他の場合⇒当該被相続人の地位、功労等を考慮し、当該被相続人の雇用主等が営む事業と類似する事業における当該被相続人と同様な地位にある者が受け、または受けると認められる額等を勘案して判定

2 弔慰金等の取扱い

　次に、被相続人の死亡により相続人その他の者が受ける弔慰金、花輪代、葬祭料等（以下「弔慰金等」）については、上記の「①退職手当金等の判定」により、退職手当金等に該当すると認められるものを除き、次に掲げる金額を弔慰金等に相当する金額として取り扱うこととしています。

　なお、弔慰金等に相当する金額を超える部分の金額があるときは、その超える部分に相当する金額は退職手当金等に該当するものとして取り扱われます（相基通3－20）。

① 被相続人の死亡が業務上の死亡であるときは、その雇用主等から

受ける弔慰金等のうち、当該被相続人の死亡当時における賞与以外の普通給与の3年分
② 被相続人の死亡が業務上の死亡でないときは、その雇用主等から受ける弔慰金等のうち、当該被相続人の死亡当時における賞与以外の普通給与の半年分

2 本事例の解決策

　死亡した役員の遺族に対して支給する金品を、みなし相続財産となる退職手当金等と非課税となる弔慰金等に区分することによって、遺族にかかる相続税を軽減できるので役員退職慰労金規程には退職手当金等と弔慰金等を明確に区分して規程を作成するべきです。弔慰金の支給額については相続税法基本通達3－20の取扱いを参考に決めるとよいでしょう。

　退職慰労金と弔慰金の支給を定める規程には、退職慰労金規程内にその両方の支給を定める場合と、退職慰労金規程と慶弔見舞金規程を分ける場合があります。

　また、弔慰金が社会的儀礼程度の金額であると認められれば株主総会の承認等は不要ですが、金額が大きく、役員報酬と認められる場合は株主総会等の承認が必要です。社会的儀礼程度の具体的な金額の基準は明らかではないため、念のため株主総会の承認等を得ておくほうがよいでしょう。

3 社内規程・重要文書の作成ポイント

　退職慰労金内に退職慰労金と弔慰金の両方の支給を定める規程を作成するうえで参考となるサンプル規程・文書および作成のポイントは次のとおりです。

サンプル規程

役員退職慰労金規程

（退職慰労金の算定方法）
第○条　役員の退職慰労金の算定は次により行う。
　　① 退職慰労金＝退任時の報酬月額×役員在任期間×退任時の役位別係数
　　② 各役位別係数は次のとおりとする。
　　　　社長…○
　　　　副社長…○
　　　　専務取締役…○
　　　　　　：

（弔慰金）
第○条　役員が死亡により退職した場合には、退職慰労金の他に次の金額を弔慰金として支給する。
　　　業務上の死亡の場合……退任時の報酬月額×36ヶ月分
　　　その他の死亡の場合……退任時の報酬月額×6ヶ月分

✓ 作成のポイント

(1) 退職慰労金の算定方法と弔慰金の算定方法を明確に区分します。
(2) 弔慰金の算定方法は非課税となる額を参考にして定めるとよいでしょう。

サンプル文書

株主総会議事録

議案　退職慰労金及び弔慰金贈呈の件
　議長は、故　取締役　○○○○氏に対し、下記のとおり退職金及び弔慰金の贈呈をしたい旨述べ、議場に諮ったところ、満場一致で一同これを承認した。

第Ⅲ章　人件費に関する社内規程等

①　退職慰労金　　　〇〇〇〇円
②　弔慰金　　　　　〇〇〇〇円

 作成のポイント

退職慰労金と弔慰金を区分して決議します。

第Ⅳ章 その他の経費に関する社内規程等

1 本章の概要

　本章で取りあげる「その他の経費」は、会社にとって売上に対する直接的な売上原価とは違い、間接的な経費です。

　本章の項目の経費は単純な損金と考えたいところですが、特定の役員や従業員に関係する支出、合理的な基準に基づかない支出等は給与と認定されるおそれがあります。

　また、飲食に係る支出であっても交際費課税を受けないものもあるなど、一定の基準や記録の整備を必要とする経費も存在し、その基準等を税務上の疎明資料にしていく項目でもあります。

2 各科目ごとにおける税務のポイント

1　福利厚生費

　福利厚生費にあたる費用は、会社が負担する費用のうち役員または従業員に対する直接的な人件費ではありません。しかし、役員または従業員が間接的に利益を享受することもあり、給与課税となることに注意が必要な科目です。

　この科目のポイントは「特定の者に限らず全員が対象となる一定の基準を設ける」、または「享受する利益は少額にして、さらに品物の場合には換金性のないものにする」などがあります。

2　教育研修費

　教育研修費は、役員や従業員の技術や知識の習得のための費用ですが、この費用を会社が負担するのは、その習得した技術や知識をその者の仕事に生かしてもらい、職務内容の向上を目的としているからです。

そのため、会社が負担する教育研修費は、研修内容等が仕事に直接必要なものか否かがポイントになります。

3 通勤費

役員や従業員に支給される通勤手当は、通勤に要する費用の実費弁償的な性格を有する費用であり、その役員や従業員が職務を遂行するうえで、その場所まで移動するために必要な費用です。

しかし、職務遂行のための判断基準として、自宅から会社までの経路および方法が経済的か、または合理的かがポイントになります。

4 旅費交通費（出張旅費）

役員や従業員に支給される出張旅費は、遠隔地に赴いて職務を遂行するための旅費等ですが、その旅費等の限度額には役員や従業員の地位等により格差を設けるのが一般的です。

この格差については、基準等を設けて一般的な格差にすることがポイントです。

5 交際費・会議費・支払手数料

交際費について問題となるのは、飲食にかかる費用についての記録や、類似する費用との区分です。

飲食に係る費用、特に1人5,000円以下の飲食費については、交際費課税の対象から除外するための必要事項記載書類の作成・保存がポイントになります。

また、類似する費用（会議費・支払手数料（情報提供料））との区分については、交際費ではなく別の費用である旨の事実を証する書類等の整備がポイントになります。

6 保険料

　役員や従業員を対象に生命保険に加入することは、会社として人材に対する保障の目的、または福利厚生を考えるうえでも大切なことです。また、将来の退職金の資金原資のために加入することもあります。

　しかし、その加入対象となる役員や従業員について、特定の役員または従業員を対象とした場合には、その特定の役員または従業員に対する給与課税の問題が生じます。

　給与課税の問題が生じないように役員や従業員の全体を対象にする基準等を定めることがポイントになります。

7 事務用消耗品費

　事務用消耗品費は、1つひとつが少額ですので、購入時に損金として処理する科目でもありますが、損金処理の原則は事業供用時点です。

　未使用の状態で残っている事務用消耗品については、貯蔵品として繰り延べる必要がありますが、この未使用の事務用消耗品について、事業年度末に貯蔵品に振り替えるために、残高を確認するルールを作ることがポイントになります。

8 貸倒損失

　金銭債権等を貸倒損失として計上するには、厳密な要件または相手方に関する債務超過の事実等が必要です。

　会社としては、上記の事実をどのように確認していくかが重要ですが、その確認のルールを作ることがポイントになります。

9 修繕費

　修繕費に関する税務上の問題点は、資本的支出との区分ですが、この点が解決した場合に次の問題点となるのが損金算入時期です。

修繕費が損金となるのは、その修繕が完了したときですが、完了までに長期間かかり、その途中で中間金の支払いが生ずる場合には、経理側で完了時期が把握しにくい場合があります。
　そこでその完了時を経理側で把握できるようにするために、一定のルールを作ることがポイントです。

第Ⅳ章　その他の経費に関する社内規程等

1 福利厚生費

4-1 役員・従業員への食事の支給

◆掲載規程等：給食等の利用に関する規程

事例

　Ａ社の工場は人家の少ない山の中にあり、近所に食事をとる食堂等がないため、工場の中に食堂を設けて、工場の従業員はその食堂で昼食を食べています。

　従業員の昼食については、出前弁当を注文して食べる者と、自らお弁当を持参して食堂で食べる者がいます。

　出前弁当の代金は出前業者との契約で１食400円となっており、１か月分の総額を会社が出前業者に支払い、注文した従業員からは給与より控除する形で徴収しています。

　この従業員から徴収する出前弁当の代金は、福利厚生の一環でその弁当代の半分を会社が負担することにしていますので、１食あたり半額の200円で計算しています。

　また、出前弁当の注文についての個人別の管理については、月末に出前弁当の注文数（日数）を自己申告してもらうことにしていますが、申告してもらっている数と出前業者からの請求の数にずれが生ずる月もあります。

　なお、不公平のないように、お弁当を持参した場合、または外食した場合には、食事手当を１回あたり200円支給することにしており、その食事手当は給与に加算して源泉徴収の対象としています。

問題点

　昼食は一般的には会社が負担するものではなく、個人が負担するべきものです。

　しかし、良い人材の確保を目的に、その会社をアピールする方法として福利厚生を手厚くすることがあり、食事の支給または食事代の一部負担を行うこともその一例です。

　本事例の場合、役員や従業員から食事代を半分徴収していれば、残りの半分を会社が負担しても給与課税にはならないと誤解しているように思われます。

　食事の支給について会社負担額が給与課税とされないのは、福利厚生の性格があることとともに少額であることが条件となります。この少額であるという条件を認識していないと給与課税の問題が生ずることになります。

1 税務の規定

1 基本的な考え方

　給与の収入金額には、金銭以外の物または権利その他経済的な利益も含まれます（所法36）。

　さらに経済的利益には、物品その他の資産について、低い対価で受けた場合におけるその資産の価額とその対価の額との差額に相当する利益も含まれます。

　食事の支給は福利厚生の目的で行いますが、食事の支給を受けた役員や従業員は、経済的利益を受けたものとされ、食事の支給分も給与に含めて税金の対象になります。

　この場合、食事の支給を受けた役員や従業員から一部食事代として徴収している場合には、食事の支給額から徴収している金額を差し引いた差額が、給与に含める金額となります。

2 食事の支給の特例

　福利厚生的な性質を有する食事の支給については、その経済的利益が少額である場合には、給与として課税しない特例が設けられています。

　具体的には、会社が役員や従業員に対して支給した食事につき、その役員や従業員から実際に徴収している額が、その食事の価額の50％相当額以上である場合は、食事の支給を受けることによる経済的利益は、給与として課税されません。

　ただし、会社の負担額（食事の価額からその実際に徴収している額を控除した金額）が月額3,500円を超えるときは、会社負担額の全額が給与課税されることになります（所基通36－38の2）。

　なお、この3,500円という金額は消費税抜きの金額で判定することになりますが、本事例では消費税を考慮せずに解説を行います。

3 食事の評価額

　2の特例において、50％相当額を判断するためには、食事の支給額（総額）を評価しなければなりません。その金額の評価は、次の表に応じて行います（所基通36－38）。

区　分	金　額
①　会社が調理して支給する食事の場合	その食事の材料等に要する直接費の額に相当する金額
②　会社が購入して支給する食事の場合	その食事の購入価額に相当する金額

2 本事例の解決策

1 会社負担額の認識

　本事例の問題点は、会社の負担額の限度が月額3,500円までと定められておらず、単に半分が会社負担となっていることです。

　本事例では、出前の弁当を1か月のうちに20日食べた場合、総額は8,000円となり、会社負担額（半額）が4,000円となるため、月額3,500円を超えてしまいます。

　3,500円を超えてしまうと、すべて給与課税となるため、本事例では4,000円が給与となってしまいます。

　従業員としては、半分は会社が負担してくれるものと考えているため、急に給与と認識されて税金の負担を負うことには納得がいかないかもしれません。

　そこで、給食等の利用に関する規程（給食の支給に関する規程）を作成し、1か月の会社負担額の限度額（3,500円）を明確に示し、従業員に周知させるようにしましょう。

2 注文数量の管理

　次に個人別の注文数量の管理についてですが、従業員からの自己申告制にしていると信憑性に欠けます。さらに申告数量と業者からの請求数量が合わない場合には、会社として誰にいくら負担したかが正確に示せないことになり、1人あたり月額3,500円以下の負担である旨の立証もできなくなります。

　そこで、出前弁当の管理者を定め、従業員の注文数等の管理やその管理簿を作成し、自己申告による不正を防止しましょう。

第Ⅳ章　その他の経費に関する社内規程等

3 社内規程の作成ポイント

　給食等の利用に関する規程を作成するうえで参考となるサンプル規程および作成のポイントは次のとおりです。

サンプル規程

給食等の利用に関する規程

（給食等の方法）
第○条　給食の方法は、弁当業者との委託契約による出前の弁当とする。

（弁当の単価）
第○条　出前の弁当は3種類から選べる方式をとり、弁当業者との契約により単価は一律○○円とする。

（会社負担額）
第○条　出前弁当の会社負担分は、弁当業者との契約による単価の半額とする。ただし1ヶ月の1人あたりの会社負担額が3,500円を超える場合には、3,500円までとする。

（本人負担額及び徴収方法）
第○条　出前弁当の本人負担額は、1ヶ月あたりの出前弁当の注文額から、前条の会社負担額を差し引いた額とする。
　　2．前項の本人負担額は、出前弁当の利用月の翌月の給与より控除する形で徴収する。

（出前弁当の管理者）
第○条　会社は出前弁当の管理者を定め、従業員の注文数等の管理をする。
　　2．管理の方法は、1ヶ月単位の各人別管理簿を作成する形式で行う。
　　3．管理者は交代制で出前弁当の管理を担当する。

✓ 作成のポイント

(1) 給食等の会社負担の限度額は、税務上1か月分で定められているため、給食等の利用に関する規程において、出前弁当代の集計期間は1か月単位で定めます。

(2) 会社負担額および月額3,500円の限度額を定め、給与課税の対象とならない会社負担額にしておき、さらに従業員に周知させます。

(3) 従業員の負担額は、1か月あたりの出前弁当の注文額から会社負担額を差し引いた金額とし、徴収方法は給与から控除する方法が管理しやすいと思われます。

(4) 管理者については交代制にすることにより、不正を防止する効果があります。また、管理簿を作成することにより、後日、税務当局からの確認にもスムーズな対応が可能となります。

4-2 従業員割引販売制度

◆掲載規程等：従業員割引購入制度規程

事例

　A社では、福利厚生の一環として、自社製品の従業員への値引販売を行っていますが、値引きをする際の値引率は一定ではありません。また、社内での地位や勤続年数に応じて値引率にも格差をもたせていますが、その格差も社内で規程があるわけではなく、その都度、変更されています。

問題点

　従業員に対して値引販売を行う際の値引率が一定ではない点が、本事例の懸念事項となります。

　会社が従業員に対して自社製品の値引販売を行うことは、一般によく行われていることであるため、税務上もその値引販売による経済的利益の供与について、値引率が合理的であると認められる場合には課税をしなくてもよいとしています。

　本事例の場合には、値引販売を行うにあたっての社内ルールを設けておらず、値引販売の都度、値引率に変動があるため、税務調査で値引率について合理性を欠くとの指摘を受ける可能性があります。

　値引率に合理性がないとされた場合には、値引額に合理性があると認められない部分の金額は給与（賞与）として課税されます。会社は給与（賞与）部分について源泉徴収の義務を負い、値引販売が役員に対して行われていた場合には、その賞与部分の金額は役員賞与の損金不算入の規定の適用を受けることになります。

1 税務の規定

　製品等の値引販売については、通達において次のように規定されています。

1　福利厚生費

所得税基本通達36-23（課税しない経済的利益……商品、製品等の値引販売）

> 使用者が役員又は使用人に対し自己の取り扱う商品、製品等の値引（有価証券及び食事を除く。）販売をすることにより供与する経済的利益で、次の要件のいずれにも該当する値引販売により供与するものについては、課税しなくて差し支えない。
> (1) 値引販売に係る価額が、使用者の取得価額以上であり、かつ、通常他に販売する価額に比し著しく低い価額（通常他に販売する価額のおおむね70％未満）でないこと。
> (2) 値引率が、役員若しくは使用人の全部につき一律に、又はこれらの者の地位、勤続年数等に応じて全体として合理的なバランスが保たれる範囲内の格差を設けて定められていること。
> (3) 値引販売をする商品等の数量は、一般の消費者が自己の家事のために通常消費すると認められる程度のものであること。

2 本事例の解決策

　値引販売についての社内ルールを明確にするために、従業員割引購入制度規程等を作成して、値引率を設定しておく必要があります。
　この値引率を設定する際には、地位や勤続年数等に応じた値引率の格差が合理的なバランスがとれているかをしっかりと検討して規程で定めておくことが重要です。
　また、販売限度額の設定や、販売個数の制限など値引率以外の要件も満たす規程を設ける必要があります。

3 社内規程の作成ポイント

　従業員割引購入制度規程を作成するうえで参考となるサンプル規程および作成のポイントは次のとおりです。

サンプル規程

従業員割引購入制度規程

（購入方法及び支払方法）
第○条　この制度は以下の方法によって行う。
　　① 当社商品の購入を希望する従業員は、従業員としての身分の証明を提示することによって商品を購入することができる。
　　② 購入代金は毎月○○日に締め切り、購入代金から別に定める一定率を割り引いた上で、各人の賃金からその代金を控除する。

（商品の購入制限）
第○条　購入できる商品の数量は、自己の家事のために消費できる数量の範囲内とする。

（割引率）
第○条　割引率は商品の種類、数量に関わらず下記のとおりとする。
　　なお、1年未満の端数は切り捨てる。
　　勤続年数　1年から10年　　○○％
　　　　　　　11年から20年　　○○％
　　　　　　　21年以上　　　　○○％

（禁止事項）
第○条　従業員は以下に定める行為を行ってはならない。
　　① 割引制度によって購入した商品を転売することにより、利益を得ること
　　② 割引販売の権利を他人に貸与し、割引制度を利用させること

作成のポイント

(1) 購入方法や、支払方法は具体的に記載するようにします。
(2) 割引率を明示するようにするとともに、地位や勤続年数による格差を設ける場合には、合理的なバランスが保たれるように定める必要があります。

(3) 割引率は、値引販売額が通常販売価額の70％未満とならないように定めるようにします。また、値引販売額が製品の取得価額を下回らないように定めることも必要です。
(4) 割引販売は福利厚生の一環で行われるものであるため、従業員本人以外の者が利益を得ることがないように禁止事項も設けておくべきです。

4-3 お祝い金等の支給

◆掲載規程等：慶弔見舞金規程

事例

A社は、役員や従業員に慶事や弔事があった際に、お祝い金や見舞金を支給しています。

ただし、その支給の決定は社長の判断によるものであり、社内規程に基づくものではありません。また、その支給金額も社長の判断により決められており、役員や従業員の役職等に基づいた一定の基準によるものではありません。

問題点

本事例の問題点は、お祝い金や見舞金（以下「慶弔見舞金」）の支給の有無、支給金額が社長個人の判断に委ねられている点です。

本来、使用者から役員や従業員に支給される慶弔見舞金は、雇用契約等に基づいて支給されると認められるため給与に該当します。しかし、慶弔見舞金の支給は一般的に社会的な慣習として行われているため、その支給事由および支給金額が支給を受ける役員や従業員の役職等に照らして社会通念上相当と認められる場合は、給与として課税されないと規定されています。

本事例では、慶弔見舞金の支給の有無、その支給金額が社長により決められているため、その支給に恣意性が介入しており、社会通念上相当とは認められないとの指摘を税務調査で受ける可能性があります。

社会通念上相当と認められないということになると、その慶弔見舞金の支給は給与に該当することになります。その場合、支給を受けた役員や従業員はその支給額について、所得税の課税を受けます。

また、慶弔見舞金を支給した会社は、その支給額について源泉徴収義務を負いますし、支給対象者が役員である場合は、その支給額は役員賞与の損金不算入の規定の適用を受けることになります。

1 税務の規定

慶弔見舞金については、通達において次のように規定されています。
① 埋葬料、香典等

埋葬料、香典または災害等の見舞金で、その金額がその受贈者の社会的地位、贈与者との関係等に照らし、社会通念上相当と認められるものについては、給与として課税はされません（所基通9－23）。

② 雇用契約等に基づいて支給される結婚祝金品等

使用者から役員または使用人に対し雇用契約等に基づいて支給される結婚、出産等の祝金は、給与等となります。ただし、その金額が支給を受ける者の地位等に照らし、社会通念上相当と認められるものについては、給与として課税しなくても差し支えないものとされています（所基通28－5）。

2 本事例の解決策

本事例の解決策として考えられるのは、慶弔見舞金規程等の作成です。税務上は「社会通念上相当と認められるもの」が、具体的にどのような事例で、どのくらいの金額なのかについて、明確な規定があるわけではありません。

それでもその支給事由、支給金額について慶弔見舞金規程等の客観的な根拠を用意しておくほうが「社会通念上相当と認められるもの」を証明するには望ましいと考えられます。

3 社内規程の作成ポイント

　慶弔見舞金規程を作成するうえで参考となるサンプル規程および作成のポイントは次のとおりです。

サンプル規程

　　　　　　　　　　　　慶弔見舞金規程

（目的）
第○条　この規程は、従業員の慶弔禍福に際し支給する慶弔見舞金について定める。

（受給手続・届出）
第○条　従業員が、この規程の定めるところにより慶弔見舞金を受けようとする場合は、所定の様式によって、会社に届け出なければならない。
　２．従業員は、前項の届出に際し、事実を確認できる書類を添付しなければならない。
　　　ただし、会社が認めた場合は、添付を省略できるものとする。

（支給事由の範囲）
第○条　慶弔金及び見舞金を支給する場合は、次のとおりとする。
　　①　本人の結婚
　　②　本人又は配偶者の出産
　　③　本人及び家族の死亡
　　④　災害見舞金
　　⑤　その他必要と認められたとき

（結婚祝金）
第○条　従業員が結婚したときは、次に定める勤続年数の区分に応じて、結婚祝金を支給する。
　　①　勤続3年未満の者…○○○円
　　②　勤続3年以上の者…○○○円

（出産祝金）
第○条　従業員又はその配偶者が出産したときは、出産祝金として○○○円を支給する。

（弔慰金）
第○条　従業員が死亡したときは、次に定める区分に応じて、定める額の弔慰金を支給する。
　　　①　従業員が業務上の事故等により死亡した場合…○○○円
　　　②　従業員が業務に起因しない事由により死亡した場合…○○○円

✓ 作成のポイント

(1) 客観性を高めるために受給手続は書面により行います。
(2) 支給事由を明確にするために、支給事由の範囲を特定します。
(3) 支給額を明記することにより、支給額に変動がないようにします。
(4) 支給額については、地域の相場を調べて決定するようにします。また、相場を調べたときの資料は保存するようにしましょう。
(5) 上記を定めることにより、一定の基準に従った恣意性のない支給である旨を示すことができるようにします。

4-4 会社保養施設の利用

◆掲載規程等:保養施設利用に関する規程

事例

A社は役員や従業員の保養施設として別荘を有しています。
しかしそのことを知っているのは一部の役員のみで、利用しているのもその役員だけです。
さらに、その保養施設の利用料の徴収もしておらず、1年間に何日間利用しているかもわかりません。

問題点

会社が保養施設を有するのは、役員や従業員の福利厚生のためです。この福利厚生の目的で有する保養施設は、役員や従業員が全員利用できるものでなければなりません。
会社関係者が分け隔てなく利用できることで、保養施設に係る維持費等は福利厚生費として経費処理ができることになり、利用者への給与とはなりません。
しかし、一部特定の役員しか利用ができない施設の場合、その施設を利用するための経済的利益は、その特定の役員が享受することになってしまい、給与課税の問題が生じます。

1 税務の規定

1 基本的な考え方

給与の収入金額には、金銭以外の物、または権利その他経済的利益も含まれます(所法36)。
さらに経済的利益には、用役の提供を無償または低い対価で受けた場合におけるその用役について、通常支払うべき対価の額またはその通常

支払うべき対価の額と実際に支払う対価の額との差額に相当する利益も含まれます（所基通36－15⑷）。

保養施設は福利厚生の目的で役員や従業員が利用するものですが、無償で保養施設を利用した役員や従業員は、保養施設の利用に係る利用料相当額の経済的利益を受けたものとされ、給与に含めて税金の対象になります。

この場合、保養施設を利用した役員または従業員から、一部利用料を徴収している場合には、利用料相当額から徴収している一部利用料を差し引いた差額が、給与に含める金額となります。

2 保養施設の提供

福利厚生の目的で有する保養施設について、会社がその運営費等を負担することにより施設を利用した役員または使用人が受ける経済的利益については、その経済的利益の額が著しく多額であると認められる場合を除き、給与として課税しなくて差し支えない取扱いとなっています（所基通36－29）。

しかしこの取扱いは、役員だけが利用できる保養施設については除かれます。

2 本事例での解決策

1 全員が利用できるための規程の作成

役員や従業員が利用できる保養施設にするためには、全員に保養施設を会社が有している旨、およびその利用するうえでの利用の仕方を周知させることが必要です。

そのためにも「保養施設利用に関する規程」を作成し、利用する際のルールを決めて、役員や従業員の全員に伝えます。

なお、保養施設の利用者が、保養施設の利用に係る経済的利益が著しく多額にならないよう、一定の利用料は徴収する規程としたほうがよいでしょう。

この利用料については、例えば別荘であれば、福利厚生施設であることを考慮して、貸別荘の相場から業者のマージンを除いた金額や、別荘の維持管理のための費用を参考に、相場より低い金額で設定することが考えられます。

さらに役員や従業員とその家族等の会社関係者と、それ以外の者とに区分し、その区分により利用者の負担金額に差をつけることが望ましいでしょう。

2 利用状況がわかる書類の整備

保養施設の利用については、いつ、誰が利用するかがわからないと、利用の予約ができません。また、保養施設を管理する意味からも、利用に関する台帳等が必要です。

そこで、保養施設の管理者を定め、その管理者が保養施設の利用者や利用日数、利用人数、利用料等を記載した管理台帳を作成し、管理するようにしましょう。

なおこの台帳は、税務当局に対して、「特定の役員のみの利用ではない旨」や、また利用料を記録することで「経済的利益が著しく多額になっていない旨」を表す疎明資料にもなります。

3 社内規程の作成ポイント

保養施設利用に関する規程を作成するうえで参考となるサンプル規程および作成のポイントは次のとおりです。

サンプル文書

保養施設利用に関する規程

（利用者）
第○条　保養施設の利用ができる者は、次の者とする。

① 役員及び従業員（臨時の従業員も含む。）及びその家族
② 定年退職した従業員及びその家族
③ 従業員が紹介し、従業員とともに利用する者で会社が認めた者

（利用料金）
第○条　保養施設の利用料金は、次のとおりとする。
① 前条①号、②号の者…………… 1泊1名あたり○○○円
② 前条③号の会社が認めた者……… 1泊1名あたり○○○円
2．前項の利用料は、利用日の前日までに保養施設管理責任者に支払うものとする。

（利用手続）
第○条　保養施設を利用しようとする者は、利用責任者を定めて、利用日（利用日数）、利用者全員の氏名、その他所定の内容を記載した利用申込書兼利用台帳を、保養施設管理責任者に利用の○週間前までに、提出して申し込む。
2．会社は、前項の申込みがあった場合、速やかに利用者等の審査をし、利用責任者に対し利用の可否を、申込みから○日以内に通知する。

✓ 作成のポイント

(1) 利用できる者を定めることにより、特定の役員のみの利用ではなく、役員や従業員全員が利用できるものである旨を示す必要があります。
(2) 利用料については、福利厚生が目的であることを示す意味で、役員や従業員とその家族等の会社関係者と、会社関係者ではない者とに区分し、その区分により金額を変えることも必要です。
(3) 利用申込書を作成し、それを利用台帳にすることで管理がしやすくなります。

4-5 借上げ社宅の利用

◆掲載規程等：借上げ社宅規程

事例

　東京で受託開発ソフトウェア業を営むA社は、大阪営業所開設に伴って東京に勤務していた従業員の甲に対して2年間の大阪営業所勤務を命じました。

　A社が地方に営業所を開設したのはこれが初めてであり、大阪営業所付近に従業員の住宅にできるような住宅も所有していないため、まず甲に賃貸マンションを探してもらい、A社がこれを社宅として借り受けたうえで甲に使用させることとしました。

　甲の転勤が会社都合であることに加え、2年後には甲を東京に戻す予定であることから、甲から社宅の使用料は徴収するつもりはありません。

　なお、A社が借上げ社宅を行うのはこれが初めてのため、借上げ社宅規程等はまだありません。

問題点

　借上げ社宅では、雇用者等が賃貸借契約上の借主となり、その賃貸料は通常雇用主等が家主に支払います。一方、社宅の使用者からは社宅の使用料を徴収するのが一般的です。

　使用者から徴収する社宅の使用料が無償または通常の賃貸料と比べて低い場合、社宅の使用者に対して経済的利益が生じる可能性があります。経済的利益が生じた場合、その経済的利益は社宅の使用者の給与所得の収入金額とされ、所得税の課税対象になるとともに、雇用者等に対しては給与所得の源泉徴収義務が発生します（所法36①・183）。

　本事例の場合、社宅の使用料が無償であることから、甲がA社から通常の賃貸料に相当する額の経済的利益を受けたものとして所得税の課税対象となります。

1 税務の規定

　使用者が使用人に対して貸与した社宅等につきその使用人から実際に徴収している賃貸料の額が、その住宅等につき通常の賃貸料の額の50％相当額以上である場合には、その使用人が住宅等の貸与により受ける経済的利益はないものとされています（所基通36－47）。

　この通達でいう「通常の賃貸料の額」の月額は、その住宅が自社所有か借上げ社宅であるかにかかわらず次のように算定します（所基通36－41、36－45）。

通常の賃貸料の額＝①純家賃相当額＋②純地代相当額
① 　純家賃相当額＝（その年度の家屋の固定資産税の課税標準額）×0.2％
　　　　　　　　　＋12円（その家の延面積（m^2）/3.3（m^2））
② 　純地代相当額＝（その年度の敷地の固定資産税の課税標準額）×0.22％

　また、「通常の賃貸料の額」は、会社が家主に支払う賃貸料の額とは異なります。会社が支払う賃貸料の額は、通常、家賃相場となりますが、通常の賃貸料の額は家賃相場よりかなり少額であり、東京都内のマンションで試算したところ、家賃相場の10％から20％程度となりました。

　なお、固定資産税の課税標準額が改訂された場合には、本来であれば通常の賃貸料も改訂すべきですが、使用人に対して貸与した社宅については手数を省略する観点から、課税標準額の改定幅が現に採用している課税標準額の20％以内の増減にとどまるのであればあえて改訂しなくてもよいとされています（所基通36－46）。

　以上は従業員に対する取扱いであり、役員に対する取扱いとは異なりますので注意してください。

第Ⅳ章　その他の経費に関する社内規程等

2 本事例の解決策

1 徴収する賃貸料

仮に会社が家主に支払う家賃を10万円、通常の賃貸料を1万円とした場合、社宅の使用者から徴収する賃貸料の額によって次のように課税関係が変わります。

徴収する賃貸料の額		課税関係
0円	無償	10,000円（通常の賃貸料）が給与として課税
4,000円	通常の賃貸料の50％未満	6,000円（通常の賃貸料との差額）が給与として課税
5,000円	通常の賃貸料の50％以上	課税しない
10,000円	通常の賃貸料	課税しない
100,000円	賃貸人に支払う賃貸料	課税しない

徴収する賃貸料が4,000円の場合と5,000円の場合とではわずか1,000円の違いであるにもかかわらず、課税対象額では6,000円の差が生じてしまいます。

借上げ社宅規程を作成する場合には、従業員から徴収する賃貸料を通常の賃貸料の50％相当額以上になるように定めるべきでしょう。

2 徴収する賃貸料の見直し

　固定資産税の課税標準額の改訂によって従業員から徴収している賃貸料が通常の賃貸料の50％未満となり、現物給与として課税されるようなことにならないよう、定期的に通常の賃貸料の確認をする必要があります。固定資産税評価額は３年に一度、基準年度に見直しが行われますので、このタイミングで通常の賃貸料を算定するとよいでしょう。

　固定資産税の課税標準額は、社宅所在地の市町村の役所・役場（東京23区内は都税事務所）で固定資産評価証明を入手、または固定資産課税台帳を閲覧することによって確認できます。固定資産評価証明の入手または固定資産課税台帳の閲覧については社宅の所有者だけでなく賃貸人も請求ができますので必ず確認をしましょう。

3 社内規程の作成ポイント

　従業員に対する社宅の賃貸料の取扱いと役員に対する取扱いが異なりますので、従業員の社宅規程と役員の社宅規程は別々に作成してください。
　借上げ社宅規程を作成するうえで参考となるサンプル規定および作成のポイントは次のとおりです。

サンプル規程

借上げ社宅規程

（借上げ社宅）
第○条　会社は従業員に社宅を提供するため、民間の賃貸住宅を、会社名義で借り上げることとする。
　２．前項の賃貸住宅の賃料は、会社が家主に直接支払うものとする。
　３．社宅に入居する従業員（以下「入居者」）は、毎月会社に対し、第○条に定める使用料を支払わなければならない。

4．前項の使用料は労働協約に基づき、入居者の月例給与から控除する。

(住宅賃料の上限)
第○条　社宅として利用する住宅賃料の上限は、家族及び住居地域に応じて次表に定めるところによる。

地域＼人数	1人	2人	3人	4人
首都圏	○○○円	○○○円	○○○円	○○○円
中京・近畿圏	○○○円	○○○円	○○○円	○○○円
その他	○○○円	○○○円	○○○円	○○○円

　2．住宅賃料が上表の上限額を超えるときは、その超える額（以下「超過額」）は入居者が会社に支払う使用料に加算する。

(使用料)
第○条　社宅の使用料は、次の算式により算定した額とする。
　　　住宅賃料×20％＋超過額
　2．共益費、管理費、駐車場使用料等、住宅賃料以外の費用は入居者の負担とする。

✓ 作成のポイント

(1) 給与から使用料を天引きする場合は、労働基準法第24条に定める労使協定が必要です。
(2) 使用者から徴収する使用料は、現物給与課税が行われない額にする必要があります。
　※サンプル規程では住宅賃料（家主に支払う賃貸料）の20％としています。

4-6 制服の貸与

◆掲載規程等：就業規則、貸与品規程

事例

A社は企業イメージの統一化を目的として、会社の外部の人と接触する一定の従業員に対して職場での制服着用を義務付けています。制服はA社から従業員に無償で貸与しているもので、退職等の際にはA社に返還することにしています。この制服には会社名やロゴマーク等が付いていないため、なかには制服を着用したまま通勤する従業員もいます。

問題点

内外に企業イメージを定着させることを目的として制服の着用を義務付けている会社は少なくありません。従業員からすれば制服は仕事のために着用するものであり、会社から無償で支給されるので、税金の対象になるとは考えてはいないはずです。

しかし、雇用者から従業員が無償で制服の貸与を受けた場合の経済的利益は給与等の収入金額とされ、所得税等の課税対象となるため、給与の支給者に対しては給与所得の源泉徴収義務が発生します（所法36①・183）。

一方で、一定の要件を満たす制服であればその経済的利益は非課税とする取扱いもあります。本事例においては、制服を通勤時に着用していることが課税、非課税の判断にどのような影響があるのかが問題となります。

1 税務の規定

給与所得を有するものがその使用者から受ける金銭以外の物（経済的利益を含む）でその職務の性質上欠くことができない一定のものについては所得税を課さないとしており、制服に関係するものとして次の2つをあげています（所法9①六、所令21）。

① 給与所得を有する者でその職務の性質上制服を着用すべき者がその使用者から支給される制服その他の身回品
② ①に規定する者がその使用者から①に規定する制服その他の身回品の貸与を受けることによる利益

制服とは、会社、学校、警察、消防等、ある一定の集団や組織に属する者が着用するよう義務付けられた服装であり、一見して特定の職員や特定の使用人であることが判別できるものである必要があります。このため、勤務場所で着用するために貸与されたものであっても一般的な事務服、作業服等はここでいう制服には該当しません。

しかし、その事務服、作業服等が専ら勤務場所においてのみ着用されるものである場合は、一般的な事務服、作業服等であっても非課税の対象となる制服と実質的に差異がないことから、これに準じて扱うこととしています（所基通9－8）。

2 本事例の解決策

本事例の場合、制服に会社名やロゴマーク等を入れていないことから、勤務場所以外の場所では、一見して特定の職員または特定の使用人であることが判別できるものとはいえません。このため、所得税基本通達9－8に定める「専ら勤務場所のみにおいて着用する」という要件に該当するか否かが問題となります。

通勤とは、一般に居宅から勤務先への移動をいいますので、プライベートと仕事の間にあるものです。

通勤は業務そのものではないものの業務に密接に関係するものであり、業務の一部を構成するものとする考えもあることから、通勤時に制服を着用しているとしても、非課税の要件に該当するのではないかという意見もあるでしょう。

しかし、通勤時の着用を認めてしまうと、勤務場所以外での着用を認

めることになるため、通達の要件である「専ら勤務場所のみにおいて着用する」ことにはならず、非課税の取扱対象外になってしまいます。

以上を踏まえて考えると、次の点を満たすよう規程を整備することが求められます。

① 制服等の貸与が、その職場に属する者の全員または一定の仕事に従事する者の全員を対象として行われること
② 統一的な規格を有すること
③ 勤務場所での制服着用の義務付け
④ 私用目的での制服着用の禁止

3 社内規程の作成ポイント

制服の着用義務を就業規則の服務規程におき、制服の運用ルールを定める貸与品規程を作成するうえで参考となるサンプル規程および作成のポイントは次のとおりです。

サンプル規程

就業規則

（服務原則）
第○条　……
　　2．……
　　3．従業員は、特別な場合を除き、勤務場所においては会社が貸与した被服を着用しなければならない。

✓ 作成のポイント

勤務場所での制服の着用義務を明確に定める必要があります。

サンプル規程

貸与品規程

（貸与対象者）
第○条　貸与品は原則として就業規則第○条に定める従業員に貸与する。

（規格の制定）
第○条　貸与品の規格については会社が統一的に制定する。

（私用禁止）
第○条　従業員は、私用の目的のために会社が貸与した被服を着用してはならない。

✓ 作成のポイント

(1) 制服の貸与が恣意的に行われるものではなく、一定の対象者すべてに支給されることを明示します。
(2) 制服は統一的な規格を有することを明示します。
(3) 制服は会社の職務にのみ使用し、従業員の私用の目的のために着用しないよう明示します。

2 教育研修費

4-7 仕事への必要性判断ルール

◆掲載規程等：講習会等参加申請書

事例

　A社では役員や従業員の知識等の向上により職務の質的向上を目的に、研修会や講習会等の積極的な参加を奨励しており、講習会等が有料の場合にはA社で負担しています。

　この講習会等には、役員や従業員が免許や資格を取得するためのものもあります。

　しかし、役員や従業員が参加する講習会等について、内容の把握や、参加者の職務との関連などを検討しておらず、すべての講習会等について参加および費用の負担を認めています。

問題点

　役員や従業員が参加する講習会等の費用を会社が負担しても、会社の業務に関連した講習会等であれば問題はありません。これはその役員や従業員が職務の質的向上を目指して技術や知識を習得し、その後に会社の業務に生かすことが考えられるからです。

　しかし、会社の業務と関係のない個人的な趣味・娯楽のための講習会等の参加費用まで会社が負担した場合、習得した技術や知識を業務に生かさない（業務と関係のない）ものへの費用負担となるため、その者に対する給与と認定されるでしょう。

　さらに役員に対する場合には、役員賞与と認定されて損金不算入となります。

　また、給与と認定された役員または従業員は、その費用相当額が所得税等の対象となります。

第Ⅳ章　その他の経費に関する社内規程等

> 本事例の場合、会社として講習会費等を支出するうえで、その講習会等で得られる知識等が、その参加者の職務に直接関係があるか否かを判断せずに認めている点に問題があります。

1 税務の規定

1 基本的な考え方

　役員または従業員が技術や知識を習得して資格や免許の取得にあてる費用（いわゆる学資金）の給付を受けた場合には、原則としてその役員や従業員の給与として、課税の対象となります。

　しかし、会社が業務遂行上の必要に基づいて役員や従業員に、その職務に直接必要な技術や知識の習得や、免許、資格を取得させるための研修会、講習会等の出席費用または大学等における聴講費用にあてるものとして支給する金品については、これらの費用として適正なものに限り、給与として課税しなくても差し支えない取扱いとなっています（所基通36－29の2）。

　この取扱いの趣旨については、判例において、次のように説明されています。

福岡地裁平成21年2月19日（一部抜粋）

> 使用者が支出する上記金品が、もともと使用者が使用人等にその職務遂行に必要な技術、知識等を習得させることを通じてその者の職務内容の質的向上を図るためのものであるから、それにより、その使用人等が知識、資格等を取得したとしても、使用人等が使用者のためにその職務を遂行する過程においておのずから修得する技術、知識又はいわゆる社内研修により修得する技術、知識等と本質的に異ならないということにあり、合理性を有するものといえる。

つまり、この取扱いは、「職務遂行に必要な技術、知識等を習得させることを通じて、その者の職務内容の質的向上を図るものである」ことがポイントになります。

2 給与として課税されない技術や知識の習得費用の要件

給与として課税されない技術や知識の習得費用は、次の3つのいずれかの要件を満たしており、その費用が適正な金額であるものとされています（国税庁ホームページ：タックスアンサー「No.2588　職務に必要な技術などを習得する費用を支出したとき」）。

① 会社などの仕事に直接必要な技術や知識を役員や従業員に習得させるための費用であること
② 会社などの仕事に直接必要な免許や資格を役員や従業員に取得させるための研修会や講習会などの出席費用であること
③ 会社などの仕事に直接必要な分野の講義を役員や従業員に大学などで受けさせるための費用であること

3 支出した会社の課税関係

役員または従業員が学資金の給付を受けた場合、その給付を受けた学資金は原則としては給与として課税されるため、源泉徴収義務が生じます。

また対象が役員の場合、役員賞与と認定されて損金不算入となります。しかし、会社が業務遂行上の必要に基づいて職務に直接必要な技術もしくは知識を習得させるための費用にあてるものとして給付する場合、給与課税の対象にならない給付については、教育訓練費として損金算入となります。

2 本事例での解決策

1 申請から承認までのルールの作成

　本事例の場合、講習会等で得られる知識等が、その参加者の職務に直接関係があるか否かを判断せずに参加費等の負担を認めている点に問題がありました。

　そこで、事前に講習の内容や習得する技術・知識等を記載した申請書を作成して上司や人事・総務等の従業員等の教育管理をする部署に提出し、承認を得る制度にする必要があります。

　また、この申請書の提出を受けた部署の責任者は、講習会等に参加することにより、その参加者の業務に直接必要な技術や知識の習得、資格や免許の取得かを判断して講習会等への参加の承認または拒否の判断をすることになります。

2 仕事に直接必要か否かの判断過程の記録作成

　上記①の判断は、前項の②で説明した「給与として課税されない技術や知識の習得費用の要件」を満たしているか否かの判断も兼ねることになります。

　そのため、参加者の現在の業務と参加する講習会等や取得する資格等との関連がわかるような資料を整備し、承認すると判断した際にはその判断記録を作成しておくべきです。

3 重要文書の作成ポイント

　申請書等の社内文書を作成するうえで参考となるサンプル文書および作成のポイントは次のとおりです。

サンプル文書

講習会等参加申請書

承認者	記載者

申請日　平成○年○月○日

1. 申請の目的となる講習会等、資格等の名称

   ....

2. 参加者

   ....　　....................................

   ....

3. 講習会等、資格等の具体的な内容（主催者、講師、日時、場所等）

   ....

   ....

4. 習得した（取得した）技術・知識・資格・免許と参加した者の職務との関係

   ....

   ....

5. 講習会等の参加費用
   講習会等参加費　　　○○円×　○人　＝　　○○円
   交通費等　　　　　　○○円×　○人　＝　　○○円
   その他の費用　　○○費　　　　　　　　　　○○円
   合　　計　　　　　　　　　　　　　　　　　○○円

※承認者記載欄（承認を判断した理由等）

✓ 作成のポイント

(1) 講習会等、資格等の具体的な内容（主催者、講師、日時、場所等）を記載させることにより、費用面での適正性を判断するうえでの参考情報とします。

(2) 習得した（取得した）技術・知識・資格・免許と参加した者の職務との関係を記載させることにより、承認（拒否）の判断をするうえでの参考情報にします。

(3) 「承認者記載欄」には、承認者がその判断理由等を記載し、参加者ではない上司等の第三者の判断による参加であることを明確にします。また、承認を判断した理由等には、講習会等の参加者の業務に直接必要な技術・知識や資格等である旨を記載することになります。この判断により、給与課税の対象にならない給付である旨を説明する疎明資料となります。

3 通勤費

4-8 役員・従業員への通勤費の支給

◆掲載規程等：通勤手当支給規程

事例

当社では役員および従業員に対して通勤手当を支給しています。

役員や従業員のほとんどは電車やバス等の公共交通機関を利用していますが、一部の役員は、新幹線を利用している者や、グリーン車を利用している者もいます。

また従業員によっては、私的な目的のために通勤経路を迂回して設定している者もいます。

このような役員や従業員にも、本人からの申請により、その実費に相当する通勤費を支給しています。

問題点

役員や従業員に支給される通勤手当は、通勤に要する費用にあてられる実費弁償的なものと考え、通常必要と認められる範囲内の通勤手当は非課税とされています。

しかし、通常必要と認められる範囲を超えて支給する場合には、その支給を受ける者への給与として課税の対象となります。

ここで問題となるのは、通常必要と認められる範囲か否かの判断です。

一般的な通勤ルートを選択している場合には問題にはなりませんが、例えば、買い物のことも考慮して通勤経路を遠回りして設定する場合や、グリーン車を利用して通勤する場合などは、通常必要と認められる範囲（通勤するにあたり経済的かつ合理的な範囲）を超えていると判断されます。

> このような場合には、給与として課税の対象となるため、源泉徴収が必要となります。
> また、新幹線を利用して通勤する場合でも、その新幹線の利用が本当に必要か否かという問題が生じます。

1 税務の規定

1 支給を受ける通勤費の課税関係

給与所得を有する者で通勤をする者が、その通勤に必要な交通機関の利用等のために支出する費用にあてるため、通勤手当を給与等に加算して支給を受けた場合でも、通常必要であると認められる一定の通勤手当については、所得税が非課税とされています（所法9①五）。

非課税となる一定の通勤手当とは、下表の区分による金額です（所令20の2）。

区　分		課税されない金額
① 交通機関または有料道路を利用している人に支給する通勤手当		1か月あたりの合理的な運賃等の額（最高限度150,000円）
② 自動車や自転車などの交通用具を使用している人に支給する通勤手当	通勤距離が片道55km以上である場合	31,600円
	通勤距離が片道45km以上55km未満である場合	28,000円
	通勤距離が片道35km以上45km未満である場合	24,400円
	通勤距離が片道25km以上35km未満である場合	18,700円
	通勤距離が片道15km以上25km未満である場合	12,900円
	通勤距離が片道10km以上15km未満である場合	7,100円
	通勤距離が片道2km以上10km未満である場合	4,200円
	通勤距離が片道2km未満である場合	全額課税

③　交通機関を利用している人に支給する通勤用定期乗車券	1か月あたりの合理的な運賃等の額（最高限度150,000円）
④　交通機関または有料道路を利用するほか、交通用具も使用している人に支給する通勤手当や通勤用定期乗車券	1か月あたりの合理的な運賃等の額と②の金額との合計額（最高限度150,000円）

　「合理的な運賃等の額」とは、通勤に係る運賃、時間、距離等の事情に照らし、最も経済的かつ合理的と認められる通常の通勤の経路および方法による運賃等の額をいいます。

　よって、通勤手当が非課税となるのは「合理的な運賃等の額」ですので、支給している通勤手当が「合理的な運賃等の額」であるかの確認が必要となります。

2　新幹線通勤の場合の考え方

　通勤手当が非課税となるのは、「合理的な運賃等の額」であることは①のとおりです。しかし、例えば転勤等により遠方に通勤せざるを得ないときに、新幹線を利用することが最も経済的かつ合理的であると認められるのであれば、新幹線を利用した場合の運賃等の額も非課税の対象になります（所基通9－6の3）。

3　グリーン車料金の取扱い

　新幹線料金は通勤手当としての非課税の対象になりますが、グリーン車料金等の「特別車両料金等」は、「最も経済的かつ合理的と認められる通常の通勤の経路及び方法による運賃等の額」の中には含まれない取扱いとなるため、グリーン車料金を支給した場合には、支給を受けた役員や従業員の給与所得となり、源泉徴収の対象となります（所基通9－6の3（注））。

第Ⅳ章　その他の経費に関する社内規程等

2　本事例の解決策

1　申請手続や通勤経路の確認等の規程の作成

　通勤手当の支給を受ける役員や従業員が、給与として課税を受けないようにするためには、非課税限度額の範囲内での支給とすることが考えられますが、さらに「最も経済的かつ合理的と認められる通常の通勤の経路及び方法」により通勤するのかを判断するため、通勤手当支給規程を作成し、通勤手当の支給を受けるための申請手続等、または通勤経路等が合理的か否かの会社の判断手続を定めておくべきです。

　この規程には、例えば支給対象者は自宅から会社までの距離が2km以上の者としておき、2km未満の者には支給しないことや、申請書に通勤方法、通勤経路、運賃等を記載し、会社はその経路等が最も経済的かつ合理的であるか否かを判断する旨を定めて適正に運用していれば、通勤手当の支給を受ける役員や従業員の給与課税の問題はなくなると思われます。

2　新幹線通勤の必要性の判断基準の定め

　役員や従業員から新幹線通勤の申請があった場合、会社としては、その新幹線通勤が「最も経済的かつ合理的と認められる通常の通勤の経路及び方法」であるか否かを判断しなければなりません。

　その判断基準としては、自宅から会社までの距離が何km以上離れているか、また、新幹線を利用すると通勤時間がどの程度短縮されるかなどが判断要素になると思われます。

　そこで、その判断基準を通勤手当支給規程に織り込んで、恣意性が介入していない、規程に基づいた判断をすることが必要になります。

社内規程の作成ポイント

　通勤手当支給規程を作成するうえで参考となるサンプル規程および作成のポイントは次のとおりです。

サンプル規程

通勤手当支給規程

（支給対象者）
第○条　通勤手当の支給対象者は、自宅から勤務地までの通勤距離が、片道2km以上の者とする。

（通勤手当支給申請）
第○条　通勤手当の支給を受けようとする者は、初めて支給を受ける○週間前までに、所定の申請書に通勤の経路、方法、1ヶ月あたりの運賃等を記載して、会社に申請するものとする。
　2．会社は、前項の申請があった場合、申請による経路等が最も経済的かつ合理的と認められる通常の通勤の経路及び方法か否かを速やかに審査し、申請者に対し申請された通勤手当の額についての支給の可否を、申請から○日以内に通知する。
　3．通勤経路に変更が生じた場合には、直ちに所定の変更申請書に、第1項の内容を記載し、会社に変更申請をするものとする。なお変更申請に基づく通勤手当の支給の可否については、前項の手続を準用する。

（新幹線通勤の対象者等）
第○条　新幹線通勤による通勤手当の支給を受けられる者は、自宅から会社までの距離が○km以上離れており、新幹線以外の公共交通機関を利用した場合と比較して通勤時間が○分以上短縮される者とする。
　2．新幹線通勤の通勤手当の支給を受けようとする者は、第○条（通勤手当支給申請）の手続を準用する。また、支給の可否の判断についても同条第2項の手続を準用するものとする。

第Ⅳ章　その他の経費に関する社内規程等

> ✓ **作成のポイント**
>
> (1) 通勤手当の支給について、申請に基づき審査をする手続とするのは、その通勤手当の額が「最も経済的かつ合理的と認められる通常の通勤の経路及び方法による運賃等の額」であるか否かを会社側で判断したうえでの支給である旨を課税当局に対して証明するためです。
>
> (2) 通勤手当支給申請書の提出先は会社としていますが、会社の組織に応じて具体的に総務または人事の部長宛てとする場合も考えられます。この場合、審査の責任者もその総務部長または人事部長となります。
>
> (3) 新幹線通勤についても、上記(1)同様、申請に基づき審査をする手続にしています。これは、(1)同様、新幹線通勤に係る通勤手当の支給が「最も経済的かつ合理的と認められる通常の通勤の経路及び方法による運賃等の額」であるか否かを会社側で判断したうえでの支給である旨を課税当局に対して証明するためです。
>
> (4) 通勤手当の支給限度額を、課税が生じないようにする目的で所得税の非課税限度額にしておく場合も考えられます。この場合には、「①税務の規定」で説明した区分に応じた課税されない金額を、「通勤手当支給規程」において支給限度額として規定しておくことになります。

4 旅費交通費

4-9 出張計画・出張報告等

◆掲載規程等：出張旅費規程、出張計画書等

事例

当社では役員や従業員の出張に対して出張旅費の支給をしています。この出張旅費については、出張する者の会社における地位等により、宿泊料の上限や日当の金額に格差をつけています。

ところが、この格差については会社としての決まりはなく、出張の都度、前例をもとに金額を決めています。

また、出張に基づく旅費の精算についても、その精算に係る所定の用紙を会社では用意しておらず、出張者が各自で簡単な精算書を作って精算を行っています。

問題点

出張を行う場合、急な出張ではない限り、あらかじめ出張の計画書や旅費の見積もりを上司に提出し、承認を受けたうえで出張するのが一般的です。

また、出張から戻ったら速やかに出張報告書を作成し、その報告とともに旅費の精算を行うことになります。

この支給される旅費（日当等）については、実費弁償的な性格を有しているため、通常必要とされる金額であれば、支給を受ける役員や従業員の給与にはならず非課税として取り扱われます。

しかし、この支給を受ける金額が、通常必要とされる金額を超えて高額になると、その超える金額は支給を受けた役員や従業員に対する給与となってしまいます。

> また、その出張をする役員や従業員の地位等に応じて、グリーン車の利用可否や宿泊料の限度額、日当の額に格差が生じる場合がありますが、その格差に適正なバランスが保たれている基準によって計算されたものであれば、格差が生じていてもそれぞれの者が支給を受ける旅費については非課税として取り扱われます。
> 　本事例の場合には、地位等により旅費に格差をつけていますが、基準を設けているわけではなく、さらに旅費の精算も出張の行程等が記載された精算書でなければ、通常必要とされる費用であったかが判断できないため、支給を受けた旅費が非課税にあたるかどうかの判断ができない点が問題となります。

税務の規定

1 給与所得者が支給を受ける旅費の課税関係

　給与所得者（役員や従業員）が勤務する場所を離れて、その職務を遂行するために旅行（出張）をした場合に、その旅行に必要な支出にあてるため支給される金品で、その旅行について通常必要であると認められる金額は、非課税とされます（所法9①四）。

　よって支給を受けた旅費については、役員や従業員の給与とはなりません。

2 非課税とされる旅費の範囲

　非課税とされる旅費の範囲は、その旅行（出張）に必要な運賃、宿泊料等の支出にあてるものとして会社から支給される金品のうち、その旅行に通常必要とされる費用の支出にあてられると認められる範囲内の金品をいいます。

　なお、この通常必要とされる費用の範囲は、その旅行の目的、目的地、

行路もしくは期間の長短、宿泊の要否、旅行者の職務内容および地位等を考慮して、その範囲を判断されることになりますが、さらにその範囲内の金品に該当するかどうかの判定にあたっては、次に掲げる事項も勘案することになります（所基通9－3）。

① その支給額が、その支給をする使用者等の役員および使用人のすべてを通じて適正なバランスが保たれている基準によって計算されたものであるかどうか。

② その支給額が、その支給をする使用者等と同業種、同規模の他の使用者等が一般的に支給している金額に照らして相当と認められるものであるかどうか。

3 非課税とされる旅費の範囲を超えた場合の所得区分および会社の損金性

　役員や従業員が、勤務する場所を離れてその職務を遂行するために旅行をした場合、旅行をした者に対して会社から、その旅行に必要な支出にあてるものとして支給される旅費の額が、その旅行に通常必要とされる費用の支出にあてられると認められる範囲の金額を超える場合には、その超える部分の金額は、給与所得の収入金額となります（所基通9－4）。

　また、給与とされた旅費については臨時的な給与にあたるため、役員に対しての旅費が給与とされた場合には役員賞与となり損金不算入となります。

2 本事例の解決策

1 出張旅費規程の作成

　本事例においては、会社における旅費支給の基準がないため、例えば、宿泊料の限度を設けることもなく、また、会社の地位等による旅費の格

差が適正なバランスによるものであるかも不明でした。

　そこで、出張旅費規程を作成し、地位によって利用できる交通手段や特別席等の可否、宿泊料の限度額、日当の金額を定め、出張旅費の支給の基準とする必要があります。

　また、この規程を役員および従業員に周知させ、出張費の見積書・精算書が適正に作成できるようにすることが望ましいでしょう。

2　出張計画書・出張旅費見積書の書式の作成

　出張計画書・出張旅費見積書の書式を作成しておき、出張者はその書式に基づき、あらかじめ出張計画書・出張旅費見積書を作成して上司等に提出し、承認を受けることにします。

　提出を受けた上司は、この出張計画書・出張旅費見積書により、その出張の目的、目的地、行路もしくは期間の長短、宿泊の要否、旅行者の職務内容および地位等を考慮して、出張費見積額が出張に通常必要とされる費用の範囲内であるかを判断します。

3　出張報告書・出張旅費精算書の書式の作成

　出張報告書・出張旅費精算書の書式を作成しておき、出張者が出張から戻ったら、速やかにその書式に基づき出張報告書・出張旅費精算書を作成し、上司に報告したうえで、総務（経理）に対して出張費の精算を行うようにします。

　報告を受けた上司は、出張の目的等を考慮して、出張の行程や期間（宿泊日数）等が適正であったかを確認し、出張費の精算額が通常必要とされる費用の範囲内であるかを判断します。

3 社内規程・重要文書の作成ポイント

　出張旅費規程、出張計画書、出張旅費見積書兼精算書、出張報告書等を作成するうえで参考となるサンプル規程・文書および作成のポイントは次のとおりです。

サンプル規程

出張旅費規程

（出張旅費）
第○条　出張旅費は、鉄道、飛行機、船、バス、タクシー等の公共交通機関の料金、宿泊料、日当及び出張による諸経費をいう。
　2．公共交通機関における特別席等の可否、宿泊料の限度額、日当の金額については次のとおりとする。

	特別席等の可否	宿泊料の限度額	日当の金額
社長	可	○○○円	○○○円
専務	可	○○○円	○○○円
常務	可	○○○円	○○○円
取締役	可	○○○円	○○○円
部長	可	○○○円	○○○円
課長	否	○○○円	○○○円
一般社員	否	○○○円	○○○円

（公共交通機関の運賃等）
第○条　出張中に利用した公共交通機関の運賃は、実費を支給する。

（宿泊料）
第○条　宿泊料は、宿泊の日数に応じて所定の金額を支給する。

(日当)
第〇条　日当は、出張の日数に応じて所定の金額を支給する。
　　　　ただし、午後になって出発する場合、あるいは午前中のうちに帰社する場合には、所定の金額の２分の１として支給する。

(出張計画及び旅費見積り)
第〇条　出張をする者は、出張の〇日前までに出張計画書及び出張旅費見積書を作成し、上司の承諾を得るものとする。

(出張報告及び旅費精算)
第〇条　出張を終えた者は、〇日間以内に、出張業務の内容を記した出張報告書及び出張旅費精算書を作成し、上司に提出しなければならない。

✅ 作成のポイント

(1) 地位等により宿泊料や日当に格差をつける場合には、バランスのとれた格差にするようにします。また、相場などを調べて格差の根拠を明確にしてます。
(2) 日当は１日分と考え、午後出発あるいは午前中帰社の場合には半日分とする規程にします。
(3) 出張計画書・出張旅費見積書、出張報告書・出張旅費精算書は、決められた期間内に作成し、上司等の承認や報告をするルールにします。

サンプル文書

出張計画書

平成○年○月○日

○○部長　宛

次の目的で出張を計画しております。
行程等も含めご承認をお願いいたします。

出張者：○○営業部　　○○　　㊞
　　　　○○営業部　　○○

出張の目的：＿＿＿＿＿＿＿＿＿＿＿＿＿＿＿＿＿＿＿＿＿
　　　　　　＿＿＿＿＿＿＿＿＿＿＿＿＿＿＿＿＿＿＿＿＿

出張期間及び行程（訪問先）

日　付	出発地	到着地	利用交通機関	訪問先（面会者）	宿泊地	備　考

承認印

作成のポイント

(1) 出張の目的・行程を記載し、上司の承認を得るようにします。
(2) 記載すべき行程は出張旅費見積書と重複する部分もありますが、省略せずに記載するようにします。

サンプル文書

出張旅費見積書兼精算書

○○部長　宛
経理部長　宛

出張者	所属部署	役　職	氏　名	承認印	○○部長	経理部長

見積額	精算額	差額（追加支給・返金）	備考
円	円	円	

日付	出発地	経由地	到着地	宿泊地	利用交通機関（鉄道・飛行機）			宿泊料	日当
					料金等	特別料金等	合計		
					円	円	円	円	円
					円	円	円	円	円
					円	円	円	円	円
					円	円	円	円	円

平成○年○月○日　上記のとおり出張費を見積もりました。
平成○年○月○日　上記のとおり出張費を精算します。
　　　　　　　　　　　　　　　　　氏名＿＿＿＿＿＿＿㊞

✓ 作成のポイント

(1) 出張旅費見積書を複写式（またはコピー）にすることにより、精算書と重複する記載を省略することができます。
(2) 出張旅費見積書の提出を受けた上司は、その費用が通常必要とされる費用の範囲であるかを判断し、不適切な場合には、作成し直すよう命じます。
(3) 精算書として提出された場合には、経理部の立場からも費用が通常必要とされる費用の範囲であるかを判断します。

サンプル文書

　　　　　　　　　　　出張報告書

　　　　　　　　　　　　　　　　　　　　平成○年○月○日

○○部長　宛

次の出張の報告をいたします。

　　　　　　　　　　　　　　　出張者：○○営業部　○○　㊞

訪　問　先：
面　会　者：
出張の日付：
出張の報告：

　　　　　　　　　　　　　　　　　　　　　　　承認印

✓ 作成のポイント

(1) 出張の報告を受けるべき内容はサンプルにこだわらず、会社として報告を受けるべき内容を適宜追加して作成する必要があります。

(2) 上記の報告書も含めて、税務上出張があった旨の疎明資料になるので、日付等も正確に記載するようにします。

5 交際費

4-10 1人あたり5,000円以下の飲食費

◆掲載規程等：交際費精算報告書

事 例

A社では、営業担当者が得意先等に対して飲食による接待を行うことが多くあります。しかし、接待を行った営業担当者は、その接待で使用した飲食店等の領収書を経理担当者に提出するだけで接待費用の精算を行っており、得意先等の名称や参加人数の報告は領収書の提出と同時に口頭で行っています。この口頭での報告に基づいて「1人あたり5,000円以下の飲食費」の判断をしています。

問題点

本事例の問題点は、得意先等の名称や参加人数の報告を営業担当者が口頭で行っていることにより、A社が得意先等の名称や参加人数を正確に把握できていない点です。

税務上、法人が得意先や仕入先に対して行う接待等は交際費に該当しますが、「1人あたり5,000円以下の飲食費」については交際費から除外されると規定されています。

この「1人あたり5,000円以下の飲食費」に該当するためには、得意先等の名称や参加人数等の一定の事項を記載した書類の保存が必要となりますが、本事例の場合には、この書類の作成に不備が生じる可能性があります。

1 税務の規定

　法人が支出する交際費等の額は、その支出した事業年度の所得の金額の計算上、損金の額に算入できない（一定の場合を除く）とされており、その交際費等とは次のように規定されています。

1 交際費の定義

　交際費等とは、交際費、接待費、機密費その他の費用で、法人が、その得意先、仕入先その他事業に関係のある者等に対する接待、供応、慰安、贈答その他これらに類する行為のために支出するものをいいますが、飲食費であって、その支出する金額を基礎とした1人あたりの飲食費の金額が5,000円以下の費用に該当するものは除かれます（措法61の4④二、措令37の5）。

2 飲食費の記載事項

　上記1の規定により、交際費等から除外される飲食費については、次の事項を記載した書類を保存しているものに限ると規定されています（措規21の18の4）。

① 飲食等のあった年月日
② 飲食等に参加した得意先、仕入先その他事業に関係のある者等の氏名または名称およびその関係
③ 飲食等に参加した者の数
④ その費用の金額ならびに飲食店等の名称および所在地（店舗がない等の理由で名称または所在地が明らかでないときは、領収書等に記載された支払先の名称、住所等）
⑤ その他参考となるべき事項

2 本事例の解決策

　支出した接待飲食費が交際費から除外される「1人あたり5,000円以下の飲食費」として認められるためには、必要な記載事項を網羅した交際費の精算報告書を準備しておくことが望ましいでしょう。

　飲食店で受け取った領収書に記載事項をメモしておくだけでも、交際費から除外される飲食費としての要件の一部を満たすことは可能だと思われます。

　ただし、この方法では得意先との関係性がわからなかったり、得意先の参加人数のみが記載されていたというような記載事項の不備が生じることも考えられます。そのため、所定の精算報告書を準備しておくことは、そのような不備を防止するための1つの解決策になります。

　また、この精算報告書への虚偽記載を防止する観点から、上司等の確認を受ける体制を社内で整えておくことも必要になると考えられます。

3 重要文書の作成ポイント

　交際費精算報告書を作成するうえで参考となるサンプル文書および作成のポイントは次のとおりです。

サンプル文書

```
                    交際費精算報告書

                                    ┌─────────┬─────────┐
                                    │ 経理部長 │ 申請者  │
                                    │         │         │
                                    └─────────┴─────────┘


  ┌──────┬──────┬─────────────┬────┬─────────┐
  │申請者│部署等│             │氏名│         │
  └──────┴──────┴─────────────┴────┴─────────┘

  飲食等のあった年月日        年    月    日

  飲食に参加した得意先等    _____
  及び当社との関係          _____

  参加者の人数              _____

  飲食費の金額              _____

  飲食店等の名称と住所      _____
                            _____

  その他                    _____
                            _____


  精算日    年   月   日    精算金額 _____
```

✓ 作成のポイント

(1) 税務上、定められている記載事項の記入漏れがないように、所定の報告書に記載事項を列挙します。

(2) 原則として、相手方の名称や氏名のすべてが記載事項とされていますが、参加者が多数にのぼる場合や氏名の一部が不明である場合は「○○会社、□□部、△△氏名（部長）他××名」等の記載でも構いません。

4-11 売上割戻しと交際費

◆掲載規程等：売上割戻契約書

事例

A社では、一定の売上金額を超えた得意先に対して売上割戻しを行っています。しかし割戻しの金額等は、得意先と契約により定めているわけではなく、そのときの状況に応じて、一定の金額の範囲内で営業担当が決めています。

また割戻しの方法も、金銭での割戻し以外に物品や商品券等で行っている場合もあります。

問題点

売上割戻しとは、一定期間に多額または多量の取引をした得意先に対して売上高等を基準として割戻しを行うことをいい、その行為は得意先への奨励金的な性格を有するものです。

この売上割戻しは、取引としては一般的で正常な取引ですので、贈答の性格は有しません。

しかし、一定の基準を設けて行う売上割戻しや、得意先の事情等を考慮して行う売上割戻しではない場合、また、金銭での支払いに代えて、物品で交付する場合には、交際費と認定される可能性があります。

1 税務の規定

1 交際費としての判断

会社がその得意先に対して売上高もしくは売掛金の回収高に比例して、または売上高の一定額ごとに金銭で支出する売上割戻しの費用は交際費等には該当しないものとして取り扱われています。

また、これらの基準のほかに得意先の営業地域の特殊事情、協力度合

いなどを勘案して金銭で支出する費用も交際費等に該当しない取扱いとなっています（措通61の4(1)-3）。

しかし、会社がその得意先に対して物品を交付する場合、または得意先を旅行、観劇等に招待する場合には、たとえその物品の交付または旅行、観劇等への招待が売上割戻し等と同様の基準で行われるものであっても、その物品の交付のために要する費用または旅行、観劇等に招待するために要する費用は交際費等に該当するものとして取り扱われます（措通61の4(1)-4前段）。

ただし、物品を交付する場合であっても、その物品が次に示すいずれかの物品であり、かつ、その交付の基準が上記の売上割戻し等の算定基準と同一であるときは、これらの物品を交付するために要する費用は交際費等に該当しないものとして取り扱われます（措通61の4(1)-4後段）。

① 得意先において棚卸資産もしくは固定資産として販売し、もしくは使用することが明らかな物品（事業用資産）
② その購入単価が少額（おおむね3,000円以下）な物品（少額物品）

2 売上割戻しの計上時期

販売した棚卸資産に係る売上割戻しの金額の計上時期は、次の区分に応じるとされます（法基通2-5-1）。

区分	計上時期
① その算定基準が販売価額または販売数量によっており、かつ、その算定基準が契約その他の方法により相手方に明示されている売上割戻し	・販売した日の属する事業年度 ただし、会社が継続して売上割戻しの金額の通知または支払いをした日の属する事業年度に計上することとしている場合には認められます。

② ①に該当しない売上割戻し	・**その売上割戻しの金額の通知または支払いをした日の属する事業年度** 　ただし、各事業年度終了の日までに、その販売した棚卸資産について売上割戻しを支払うことおよびその売上割戻しの算定基準が内部的に決定されている場合において、会社がその基準により計算した金額をその事業年度の未払金として計上するとともに確定申告書の提出期限までに相手方に通知したときは、継続適用を条件としてこれが認められます。

2 本事例での解決策

1 得意先と契約を結んで割戻額の計算基準を明確にする

　得意先との間で行う売上割戻しは、販売奨励の目的で行うものであって、交際の目的で行うものではありません。

　しかし本事例の場合、明確な基準がないままに行われており、さらに金銭での支払い以外に、物品や商品券等で割戻金を渡しているため、交際費として認定されます。

　そこで得意先と契約を結び、その契約に売上割戻しの計算基準や、その支払方法として金銭による支払いである旨を定めておきましょう。

　なお、割戻しの割合等は得意先によって差をつけずに一律とするのが望ましいですが、自社商品の販売が劣っている地域の取引先に対して少々有利な割合等を設定することは経営戦略上必要なことでもあり、経

済的合理性もあると考えられます。

　割戻しの割合に差をつけるのであれば、このような合理的な理由を準備する必要があります。

② 経理規程を整備して割戻しの計上時期を定めておく

　契約等により割戻金額の算定基準が明確になっている場合の売上割戻しの計上時期は、商品等を販売した日の属する事業年度か、継続適用を要件に割戻金額の通知または支払いをした日の属する事業年度となります。

　どちらの計上時期を適用するかを経理規程等で定めておくことが重要です。特に通知または支払いの日の属する事業年度を選択する場合、継続適用が要件となるので、経理規程として定めて計上時期を明確にすることを徹底するべきです。

③ 重要文書の作成ポイント

　売上割戻契約書を作成するうえで参考となるサンプル文書および作成のポイントは、下記のとおりです。

サンプル文書

売上割戻契約書

　○○株式会社を「甲」とし、××株式会社を「乙」として、甲及び乙は、以下のとおり売上割戻しに関する契約を締結する。

（売上割戻し）
第○条　乙が月間売上目標額の売上を達成した場合、甲は売上高の○%を
　　　　売上割戻し（契約達成報奨金）として支払うものとする。

(売上割戻金の通知)
第○条　第○条に定めた売上割戻金については、甲が発行する目標達成月分の請求書に、売上割戻金として明示して通知するものとする。

(売上割戻金の支払方法)
第○条　第○条に定めた売上割戻金については、目標達成月の翌月末において、乙に対する請求額から差し引く形式で支払うものとする。

 作成のポイント

(1) 目標達成額については、段階をいくつか設定して割戻しの割合もそれに応じて設定する場合もあります。
(2) 売上割戻しの計上時期にも影響するため、通知や支払方法は明確に決めておく必要があります。
(3) 売上割戻契約を締結するか否かは、得意先の取引状況や与信管理等を参考のうえ、営業担当取締役等の判断(稟議)により決めるようにします。

4-12 贈答用商品券の管理

◆掲載規程等：経理規程、商品券受払管理簿

事例

不動産仲介業を営むＡ社は、成約に関係なく、お客様を紹介いただいたお礼やゴルフコンペの協賛等により商品券を贈答する機会が多くあります。

商品券の購入・管理については経理担当者1名に任せており、毎月月末に在庫金額を確認し、その月の使用分を補充するために商品券を購入しています。

商品券を使用する場合には、その使用者は必要枚数のみを経理担当者に口頭で伝えるため、経理担当者はその使途や贈答先を把握しておらず、商品券の管理簿等もつけていません。

問題点

交際費として物品の贈答等を行った場合の税務トラブルは、贈答という行為に対して受領書等が発行されることが少なく、また、社内での記録もない場合には、その使途等を立証することは困難であるため、実際に得意先等に贈答した場合であってもこれを否認される可能性があることです。さらに、商品券等の換金性の高い物品については、従業員による横領が行われる危険性も高くなります。

本事例では、商品券の管理簿等を備え付けていないため、実際に贈答しているのかを検証することができません。そのため、その贈答した商品券の金額については使途不明金として否認されてしまう可能性があります。さらには経理担当者1名に購入・管理が任されているため、その者が横領しても誰も気づくことができず、また、架空経費や資産隠しに利用していると疑われる可能性もあります。

第Ⅳ章　その他の経費に関する社内規程等

1 税務の規定

1 交際費等の意義

　交際費等とは、交際費、接待費、機密費その他の費用で、法人がその得意先、仕入先その他事業に関係のある者等に対する接待、供応、慰安、贈答その他これらに類する行為をいいます（措法61の4④）。

2 費途不明の交際費等（使途不明金）

　法人が交際費、機密費、接待費等の名義をもって支出した金銭でその費途が明らかでないものは損金の額に算入できません（法基通9－7－20）。

　法人税法では、法人が支出した費用のうち、その費途が明確である場合に限り損金算入を認めています。仮に費途が不明確な支出についてまで損金算入を認めてしまうと、課税所得計算の正当性や客観性を検証することができなくなり、課税の公平性が保たれなくなってしまうからです。

　さらには、会社ぐるみで故意に使途を明らかにしない場合には「使途秘匿金」として通常よりも重い税率を課し、その使途秘匿金が仮装隠ぺいに基づくものであれば重加算税を課すこととしています（措法62、通則法68）。

2 本事例の解決策

　商品券等の換金性の高い物品の贈与等については、架空経費や資産隠しに利用されやすいこともあり、税務調査で指摘を受けやすい事項となります。費途を明らかにすることで損金算入が認められるため、社内で

経理規程を設け、管理簿を作成して贈答先やその用途等を記録することが大切です。

3 社内規程・重要文書の作成ポイント

　商品券管理に関する経理規程、商品券受払管理簿を作成するうえで参考となるサンプル規程・文書および作成のポイントは次のとおりです。

サンプル規程

経理規程

（商品券の管理）
第○条　商品券の受入、払出については、その都度、管理簿に記載し、その残高について常に把握できる状態にしなければばらない。
　２．商品券は経理担当者が金庫で保管し、無断で持ち出してはならない。
　３．商品券の残高管理は、経理部長と経理担当者の２名以上で行う。
　　　毎月月末に、管理簿の残高と在庫商品券の現物が一致しているかを必ず一緒に確認を行い、確認がとれたらそれぞれ確認印を押印する。

（商品券の購入）
第○条　経理担当者は、必要に応じて商品券を追加購入する。ただし、１回の購入金額が○○万円を超える場合には、事前に経理部長の承認を要する。
　２．商品券を購入した場合、速やかに管理簿の受入欄に購入先の名称、住所、残高を記載し、確認印を押印する。

（商品券の払出）
第○条　払出依頼者は、商品券の払出依頼書にその贈答先の名称、住所、その用途、払出金額を記載し、経理担当者に提出する。このとき、払出金額が○○万円以上の場合には、払出依頼者の所属する各部課長の承認を要する。

2．経理担当者は、払出依頼書の提出があったときは、速やかに払出依頼書に従ってその内容、残高を記載し、確認印を押印する。
3．経理担当者は、上記2の後、払出依頼書を提出した者に対して商品券を払い出す。
　このとき受渡しは対面で行い、商品券を受け取った者は払出依頼書に受領日を記載して受領印を押印する。

サンプル文書

商品券受払管理簿

日付	受入		払出			残高	確認印
	購入先	受入金額	贈答先	用途	払出金額		

✓ 作成のポイント

(1) 商品券については管理簿を備え付け、購入・払出・残高を常に把握できるようにします。
(2) 商品券の残高管理については、必ず担当者と部長の2名以上で確認を行うようにします。このように残高確認を2名以上で行うことで、従業員の横領を防ぐことができます。

(3) 購入額、払出金額が少額の場合には担当者に一任しますが、高額となる場合には「○○万円以上」など金額を設定し、必ず各部課長の承認を得るようにします。

(4) 商品券を払出する場合、払出依頼書を作成することでその使途等を明らかにし、払出を対面で行い受領印をもらうことで、払い出した事実を明らかにします。

(5) 責任の所在を明確にするため、購入・払出の都度、確認印の押印が望ましいでしょう。

6 会議費

4-13 会議に伴う飲食

◆掲載規程等：会議議事録、会議費精算報告書

事例

A社では従業員の会議が午前から午後にわたって行われた場合には、会社の負担で会議に参加した者全員が食事をとることを認めています。この食事にかかった費用は従業員に一時的に立て替えてもらい、その後、従業員からの領収書の提出により精算を行っていますが、会議内容の報告までは求めていません。

問題点

本事例の問題点は、会議が行われた事実を証明することができない点です。

税務では、会議が行われた際に会議を行った場所で支給されたお茶代や弁当代などの飲食費のうち、通常の昼食の程度を超えない費用は、交際費には含めず会議費として取り扱うとされています。

本事例の場合には、会議にかかった飲食費の領収書の提出により通常の昼食の程度を超えないかどうかの判断はできますが、その飲食が会議に際して会議を行った場所で行われたかどうかまでは把握することができません。

その会議が行われたという事実を客観的に証明することができない場合は、その飲食費は会議費ではなく社内飲食費に該当する可能性があります。なお、社内飲食費に該当した場合には、交際費等の損金不算入の対象となります。

6 会議費

1 税務の規定

交際費の範囲および会議費は税務上、次のように定められています。
① 交際費とは、交際費、接待費、機密費その他の費用で、法人が、その得意先、仕入先その他事業に関係のある者等に対する接待、供応、慰安、贈答その他これらに類する行為のために支出するもののうち、「会議に関連して、茶菓、弁当その他これらに類する飲食物を供与するために通常要する費用」を除いたものをいいます（措法61の4④三、措令37の5②二）。
② 会議費に際して社内または通常会議を行う場所において通常供与される昼食の程度を超えない飲食物等の接待に要する費用は、原則として「会議に関連して、茶菓、弁当その他これらに類する飲食物を供与するために通常要する費用」に該当するものとされています（措通61の4(1)-21）。

②において、会議に要した飲食費が交際費から除かれるポイントとして、「会議に際して」「社内または通常会議を行う場所において」「通常供与される昼食の程度を超えない飲食物等の接待に要する費用」の3点があげられています。このうち会議を行う場所については、食堂や近くのレストラン等も含まれるとされています。

2 本事例の解決策

前述の3つのポイントを踏まえて、会議が行われた事実を客観的に説明できるように、会議議事録等の書類を作成することが重要です。
会議出席者の日報や手帳の記録、インターネット上で共有されているスケジュール等を利用して、会議が行われた日時を把握することはできますが、それらの記録からは会議の内容までは把握することができない

ため、会議の実体を証明するには不十分です。

　会議議事録等の書類に会議を開催した場所、議題、議事内容、会議での決定事項および会議に使用した資料等の記載をしておくことで、会議の実体を明らかにできるようにしておく必要があります。

　また、費用の精算にあたっても、会議費精算報告書等を用意しておくと交際費に該当しない費用を管理しやすくなります。

3 重要文書の作成ポイント

　会議議事録、会議費精算報告書を作成するうえで参考となるサンプル文書および作成のポイントは次のとおりです。

サンプル文書

議事録番号		作成年月日　　年　　月　　日
	会議議事録	
		作成者

概要	日時	
	場所	
	参加者	

	議題	

議事	議事内容	
	決定事項	
	保留事項	
	使用資料	
	次回予定日	

✓ 作成のポイント

(1) 誰が、いつ、どこで、何について会議を行ったかを明記するようにします。

(2) 会議の内容や決定事項または保留された事項、会議で使用した資料を記載しておくと会議の実体を説明しやすくなります。

サンプル文書

会議費精算報告書

	経理部長	申請者

申請者	部署等		氏名	

会議を行った年月日　　　　　　　年　　　月　　　日
会議を行った場所　　　　_____
会議の参加者　　　　　_____
　　　　　　　　　　　_____

議事録番号　　　　　　_____
会議の内容　　　　　　_____
　　　　　　　　　　　_____

飲食費の金額　　　　　_____

飲食店等の住所と名称　_____
　　　　　　　　　　　_____

その他　　　　　　　　_____
　　　　　　　　　　　_____

精算日　　　年　　月　　日　　精算金額_____

✓ 作成のポイント

　会議費精算報告書にも、会議を行った日付、場所、参加者および議事録番号等を明記して会議議事録と対応がとれるようにします。

7 保険料

4-14 従業員を対象とした定期保険

◆掲載規程等：福利厚生保険規程

事例

　建設業を営む法人であるA社は同族会社ですが、役員および使用人の大半は同族関係者以外の者です。役員および使用人のうち一定の者は現場で作業を行うことから、定期保険契約者をA社、被保険者をこれらの者、保険金受取人をこれらの者の遺族とする保険期間1年の掛捨て定期保険契約を締結し、その保険料はA社が負担しています。

　この定期保険契約は、一定期間内における被保険者の死亡を保険事故とする生命保険であり、A社は負担した全額を保険料として損金の額に算入しています。

　会社が定期保険に加入していることについては、加入者である役員および使用人にしか知らされていません。加入については社内で明確な基準を設けてはおらず、社長が作業内容を見て判断することで加入者を特定しています。

問題点

　会社が加入する定期保険契約において生じやすい税務トラブルは、会社が福利厚生の一種と考えて負担した保険料が、役員および使用人のうち特定の者（以下「特定の者」）に対する給与等として取り扱われてしまうことです。

本事例では、社長の判断で加入者を特定しており、保険加入について社内全員に周知させていないため、特定の者に対して経済的利益を供与していると指摘を受ける可能性があります。さらには、その保険料が給与等に該当する場合には、会社側では源泉徴収義務違反という税務トラブルも生じます。

税務の規定

1　使用者契約の定期保険に係る経済的利益の取扱い

　使用者が、自己を契約者、役員または使用人（これらの者の親族を含む）を被保険者、死亡保険金の受取人を被保険者の遺族とする定期保険（一定期間内における被保険者の死亡を保険事故とする生命保険をいう）に加入してその保険料を支払った場合、その役員または使用人が受ける経済的利益はないものとします。

　ただし、役員または特定の使用人のみを被保険者としている場合には、その保険料の額に相当する金額は、その役員または使用人に対する給与等とします（所基通36－31の2）。

2　役員または特定の使用人

　1のただし書きについては、次の事項によることに注意します（所基通36－31（注）2）。
　①　保険加入の対象とする役員または使用人について、加入資格の有無、保険金額等に格差が設けられている場合であっても、それが職種、年齢、勤続年数等に応じる合理的な基準により、普遍的に設けられた格差であると認められるときは、ただし書きを適用しません。
　②　役員または使用人の全部または大部分が同族関係者である法人に

ついては、たとえその役員または使用人の全部を対象として保険に加入する場合であっても、その同族関係者である役員または使用人については、ただし書きを適用します。

③ 源泉徴収義務

会社が加入する定期保険契約において、その負担する保険料が給与等に該当する場合には、会社はその給与額について、源泉徴収を行う必要が生じます（所法183）。

2 本事例の解決策

本事例の税務トラブルを回避するためには、加入資格について社内規程（福利厚生、弔慰金等）を設け、職種、年齢、勤続年数等の合理的な基準を定めることが大切です。そして、その規程を全従業員宛てにメールで知らせたり、加入者には契約内容を記載した文書を個々に配布するなど、その内容を周知させることが望ましいでしょう。

3 社内規程の作成ポイント

福利厚生保険規程を作成するうえで参考となるサンプル規程および作成のポイントは次のとおりです。

サンプル規程

福利厚生保険規程

（目的）
第○条　この規程は、会社に勤務する役員及び従業員（パート、アルバイト、嘱託従業員を除く。）の死亡並びにケガによる高度障害状態になった場合に支給する弔慰金等について、必要な事項を定めるものである。

（保険の運営）
第○条　会社は○○生命保険会社との間で、契約者を会社、被保険者を加入者、死亡保険金受取人を被保険者の遺族とする定期保険契約（以下「保険」）を締結し、保険料を負担するものとする。

（加入者の範囲）
第○条　保険の加入者は、役員及び使用人のうち次のいずれにも該当する者とする。
　① 年齢が60歳以下の者
　② 勤続年数3年以上の者のうち、現場での作業を行う業務に従事している者

（加入資格の喪失）
第○条　加入者が次のいずれかに該当した場合には、加入資格を喪失する。
　① 死亡した場合
　② 退職した場合
　③ その他、これに準ずる理由があるとき

（保険金額）
第○条　保険金額は、別紙に定めるとおりとする。

（保険事故発生時の取扱い）
第○条　支払事由が発生した場合の保険金は、保険会社から直接役員及び使用人の遺族へ支払われる。
　2．前項に基づき支払われる保険金は、会社から役員及び使用人の遺族へ支払われる退職金もしくは弔慰金に充当するものとする。

✓ 作成のポイント

(1) 保険の運営は、保険の種類、契約者、被保険者、受取人、保険料負担者を明確にするために設けます。

(2) 加入者の範囲では、特定の者のみが加入することのないよう、職種、年齢、勤続年数等の合理的な基準を設けます。

(3) 保険金額は、役職、勤続年数等の合理的な基準により普遍的に設けられた格差であれば、必ずしも加入者全員が一律である必要はありません。別紙を設け、その内容を明確に定めます。

(4) 保険事故発生時の取扱いを定めることで、この保険金が会社から遺族に支払われる退職金等と示すことができます。

保険事故が発生した場合、保険金は保険会社より直接被保険者の遺族に支払われるため、受け取った遺族はこれを単なる死亡保険金と捉え、会社は死亡退職金を再度請求される可能性があります。このようなことがないように、加入者である本人はもちろん、家族を含めて周知させる必要があります。

第Ⅳ章　その他の経費に関する社内規程等

8 事務用消耗品費

4-15 事務用消耗品費と貯蔵品

◆掲載規程等：経理規程

事例

　3月決算法人であるA社は、コピー用紙を経常的に消費しており、1か月の使用金額は約2万円です。毎月月末に2万円分を購入して購入時にその全額を消耗品費として損金に計上しています。

　当期3月末に、コピー用紙の購入先で在庫一掃セールが実施されていたので、コピー用紙を20万円分（定価24万円）購入しました。そのまま決算を迎えることになり、購入したコピー用紙はすべて未使用のまま残っています。

　経理担当者は、コピー用紙の未使用分について把握していましたが、いつもどおりその20万円全額を購入時に消耗品費として損金に計上しました。

問題点

　決算期末に生じやすい消耗品等に関する税務トラブルは、期末直前に消耗品等を大量購入したことにより未使用分が多額に生じた場合、本来ならば損金算入できないその未使用分の金額を誤って損金算入するというトラブルです。

　本事例では、セールで購入したコピー用紙の代金20万円分を当期の損金に計上していますが、通常の購入金額、在庫数量と比べても多額であり、税務上の要件を満たしているとはいえないため、これは当期末に貯蔵品として資産計上すべきものであり、法人税法では当期の損金の額には算入できません。

8 事務用消耗品費

1 税務の規定

　消耗品その他これに準ずる棚卸資産の取得に要した費用の額は、その棚卸資産を消費した日の属する事業年度の損金の額に算入します。ただし、法人が事務用消耗品、作業用消耗品、包装材料、広告宣伝用印刷物、見本品その他これらに準ずる棚卸資産で、各事業年度ごとにおおむね一定数量を取得し、かつ、経常的に消費するものについては、その取得に要した費用の額を継続してその取得をした日の属する事業年度の損金の額に算入している場合には、これを認めています（法基通2－2－15）。

　法人税法では経常的に消費・購入している消耗品等については、購入時に損金算入したとしても課税に与える影響が小さいため、事務上の簡便性を優先しています。

　したがって、その購入金額が通常より多額で、事業年度末の在庫数量に相当の増加がある場合には、期末の在庫計上を省略することにより当期利益に与える影響は大きく、課税上も弊害が生じてしまうため、原則どおり、期末未使用分は貯蔵品に計上して当期消費分のみを損金の額に算入することになります。

2 本事例の解決策

　消耗品等について継続して購入時に損金経理をしている場合、それがあたり前の処理方法となり、期末に多額の在庫が生じたときにこれを貯蔵品に振り替える処理を忘れてしまう可能性があります。そのため、社内での経理処理方法を再確認して細かい取扱いを会社の経理規程で定めることが大切です。

　また、消耗品等を購入する場合には、数量の把握をしやすくするために毎週、毎月など一定の間隔で購入を行い、在庫数量を一定量に保ちな

がら消費分を補充するように購入するのが望ましいといえます。

社内規程の作成ポイント

　消耗品費に関する経理規程を作成するうえで参考となるサンプル規程および作成のポイントは次のとおりです。

サンプル規程

経理規程

（消耗品等の範囲）
第○条　消耗品等とは、次の物品をいう。
　　①　事務用消耗品
　　②　作業用消耗品
　　③　包装材料
　　④　広告宣伝用印刷物
　　⑤　見本品
　　⑥　その他前号に掲げる資産に準ずるもの

（消耗品等の経理処理）
第○条　消耗品等の経理処理は次の処理方法とする。
　　①　購入時
　　　　消耗品等は、その購入した日に消耗品費に計上する。
　　②　決算時
　　　　各事業年度末において、在庫数量に相当の増加があると思われる場合には、未使用分について実地棚卸を行い、その金額を貯蔵品に振り替えるものとする。
　　③　棚卸方法
　　　　上記②において実地棚卸を行う場合には、例えば1個又は1組ではなく、1箱又は1束等おおよその数量の把握で差し支えない。

✓ 作成のポイント

(1) 消耗品等の範囲では、会社で使用される消耗品を列挙します。会社の業種業態等によっても内容が変わってくるので、細かくあげることでよりわかりやすくなります。
(2) 消耗品等の経理処理では、購入時・決算時のそれぞれの処理方法を定めます。
(3) 実地棚卸を行う場合、数量の把握については簡便的に行うことができます。

第Ⅳ章　その他の経費に関する社内規程等

9 貸倒損失

4-16 金銭債権の管理

◆掲載規程等：経理規程

事例

当社が原材料を卸している取引先Ａ社が業績不振のため本社事務所兼工場を何の連絡もなく急遽閉鎖しました。また、Ａ社の社長甲は行方不明であり、連絡がとれない状態です。

当社はＡ社に対して３か月分の売掛債権が未入金のまま残っていますが、前月分までは支払期日にきちんと入金がされていました。ところが、当月の入金がなかったことから督促の連絡を入れたところ、上記の事実が判明しました。

後日、当社の経理担当者がＡ社と取引のある他社の社長に聞いたところ、およそ半年くらい前にＡ社の売上の大半を占める得意先が倒産し、その得意先に対する売掛金が回収不能になったことでＡ社の資金繰りが悪化したとのことでした。また、Ａ社の会社資産はほとんどなく、唯一の資産である工場の敷地も金融機関の担保に供されており、一般債権者への弁済は困難な状況とのことです。

このような状況にあるため、今期の決算において、当社の経理担当者がＡ社に対する売掛債権は回収不能と考え、売掛債権について全額を貸倒損失として損金経理処理しました。

問題点

法人が有する売掛債権等の金銭債権について貸倒れが生じた場合には、貸倒損失として、法人税の計算上は損金の額に算入されることになります（法法22③三）。しかし、実務上、金銭債権が貸倒れになったかどうかの事実認定は非常に困難な場合が多く、かつ、貸倒れが生じていた

> としてもその事実を証明することも同様に困難です。そのため、きちんとした証拠資料等を用意せずに安易に貸倒れの処理をすると税務調査等によって貸倒損失が否認され、税務トラブルを引き起こすことになります。

1 税務の規定

　貸倒損失については、法人税基本通達において、「法律上の貸倒れ」「事実上の貸倒れ」「形式上の貸倒れ」の3つの類型に分類して次のように取り扱われています。

1　法律上の貸倒れ

　法人の有する金銭債権について、更生計画認可の決定または再生計画認可の決定、特別清算に係る協定の認可の決定等により、債権の全部または一部が法律上切り捨てられるなどの事実が生じた場合には、その切り捨てられることとなった金額等をその事実が生じた日の属する事業年度において貸倒れとして損金の額に算入します（法基通9－6－1）。

2　事実上の貸倒れ

　法人の有する金銭債権につき、その債務者の資産状況、支払能力等からみてその全額が回収できないことが明らかになった場合には、その明らかになった事業年度において貸倒れとして損金経理をすることができます。この場合において、その金銭債権について担保物があるときは、その担保物を処分した後でなければ貸倒れとして損金経理することはできません（法基通9－6－2）。

3　形式上の貸倒れ

　債務者について次に掲げる事実が生じた場合には、その債務者に対し

て有する売掛債権（売掛金、未収請負金等をいい、貸付金その他これに準ずるものは含まない）について法人がその売掛債権の額から備忘価額を控除した残額を貸倒れとして損金経理したときは、その処理が認められます（法基通9－6－3）。

① 債務者との取引を停止した時以後1年以上を経過した場合（売掛債権について担保物のある場合を除きます。）
② 売掛債権の金額と取立費用の金額を比較して、取立費用の金額のほうが大きい場合

2 本事例の解決策

　本事例については、法的に金銭債権が切り捨てられたのではないこと、また、取引停止から1年を経過していないことから、前項の②の事実上の貸倒れの適用を検討することになります。事実上の貸倒れを適用する場合には、単に債権回収が難しいということだけではなく、債務者の状況を勘案して、会社として債権回収に対して最大限の努力をしたにもかかわらず債権金額の全額が回収できないという事実が重要となります。また、債権を回収不能と判断する場合においても、その判断から恣意性を排除するため、一定のルールに従い、決裁権限のある者がその判断をしなければなりません。

　しかし、本事例においては、A社の社長甲と連絡がとれないことにより、他社の社長からの聞き取り調査だけで売掛債権を回収不能と考えていることや、その貸倒れの判断を経理担当者が独断で下し、処理を行っていることから、会社として債権回収に対して最大限の努力をし、回収不能と判断したとは言い難いことが問題となります。

　そこで、このような問題が生じないようにするためには、まず会社として債権回収、管理につき社内規程を定め、債権回収の手順を明確にしておく必要があります。そのうえで回収不能と判断する場合であっても、

その判断に恣意性が介入しないように社内規程でルールを定めておけば、トラブルを未然に防ぐことができます。

なお、本事例では、A社の社長甲と連絡がとれない状態ですが、行方不明であるという事実を証明するために、例えば、配達証明付内容証明郵便を用いて請求書等を甲に対して送付し、受取人不在で戻ってきたものを未開封のまま保存するなどの方法により、行方不明であるという証拠資料を確保しておくことが望ましいと思われます。その際には、送付した日付や戻ってきた日付が、回収不能と判断した時期の判定に影響しますので注意が必要です。

3 社内規程の作成ポイント

貸倒損失に関する経理規程を作成するうえで参考となるサンプル規程および作成のポイントは次のとおりです。

サンプル規程

経理規程

（回収遅延）
 第○条　営業担当者は、指定された期日に入金されなかった場合には、その原因を究明し、その結果について、営業部門の所属長に報告しなければならない。
　2．営業部門の所属長は、回収遅延の報告を受けた場合には、自ら督促にあたるとともに、不良債権発生のおそれがないかを慎重に検討し、不測の事態の回避に万全の処置を講じなければならない。
　3．回収遅延先に対する取引継続の可否及び回収方針は、営業部門の所属長が立案し、営業部長の承認を得なければならない。

第Ⅳ章　その他の経費に関する社内規程等

（長期滞留売掛金）
第○条　毎月、売掛金の発生・入金の状況を確認し、長期滞留売掛金については、営業部門の所属長が滞留の理由と今後の回収計画について本社経理部に報告しなければならない。

（貸倒れの処理）
第○条　得意先が倒産、行方不明その他の事由により売掛金の回収が不能となった場合は、別途定める細則に従い、貸倒れの処理を行うものとする。

✓ 作成のポイント

貸倒れの処理についての細則では、例えば、貸倒れとなる債権金額の大きさなどにより、決裁の権限を営業部長、営業担当役員、取締役会と定めることなどを規定します。

10 修繕費

4-17 修繕費の損金計上の時期

◆掲載規程等：経理規程

事例

A社（3月決算法人）は不動産賃貸業を営む会社です。

当期3月1日に、テナントビルの外壁塗装工事を施工業者に発注しました。施工業者と交わした工事請負契約書に記載された工期には、当期中に工事が完了することになっています。

当期に入社した新人である経理担当者は、たまたま前期に行った別のテナントビルの外壁塗装工事が予定どおりに終わっていたので、今回も同様と考え、契約書に記載された工事完了日に請負金額150万円を修繕費として損金に計上しました。

実際には4月上旬に工事が完了しましたが、経理担当者は現場の確認を行いませんでした。また、工事完了報告書が施工業者から届いていましたが、内容を確認することなく紛失してしまいました。

問題点

決算期直前に発生する大規模な修繕について生じやすい税務トラブルは、帰属年度を誤って計上してしまうことです。

本事例では、当期に工事が完了していないにもかかわらず、契約書の工期（あくまでも予定）で判断して当期の損金に計上している点が問題であり、法人税法では当期の損金には該当せず否認されます。

第Ⅳ章　その他の経費に関する社内規程等

1 税務の規定

1 各事業年度の損金の額

　内国法人の各事業年度の所得の金額の計算上損金の額に算入すべき金額は、別段の定めがあるものを除き、次のとおりとします。
　①　その事業年度の収益に係る売上原価、販売費、一般管理費その他の費用（償却費以外の費用で当該事業年度終了の日までに債務の確定しないものを除く）の額とします（法法22③一・二）。
　②　上記①の金額は、一般的に公正妥当と認められる会計処理の基準に従って計算されるものとしています（法法22④）。

2 債務確定の判定

　上記1の①の償却費以外の費用でその事業年度終了の日までに債務が確定しているものとは、別段の定めがあるものを除き、次に掲げる要件のすべてに該当するものです（法基通2－2－12）。
　①　その事業年度終了の日までに、その費用に係る債務が成立していること。
　②　その事業年度終了の日までに、その債務に基づいて具体的な給付をすべき原因となる事実が発生していること。
　③　その事業年度終了の日までに、その金額を合理的に算定することができるものであること。

2 本事例の解決策

　法人税法の規定で修繕費をどの事業年度に計上すべきかは、債務確定主義によるところと考えられます。①外壁塗装工事を発注し、②工事が完了し、③金額が合理的に算定できる、というすべての要件が満たされ

て初めて債務確定となります。

　本事例のように「今回も同様」という曖昧な判断ではなく、社内で経理規程を設け、その工事ごとに修繕が完了しているのか現状を確認してから、その完了の日の属する事業年度の損金の額に計上することが大切です。このようにすることで、どの経理担当者が処理しても、その修繕費を正しい事業年度に帰属させることができます。

　さらには、工事完了の時期を明確にする根拠として、施工業者が発行する「工事完了報告書」を保存することが望ましいでしょう。

3 社内規程の作成ポイント

　修繕費に関する経理規程を作成するうえで参考となるサンプル規程および作成のポイントは次のとおりです。

サンプル規程

経理規程

（資本的支出と修繕費）
第○条　固定資産の改造・補修により支出した費用については、次のとおりとする。
　　①　固定資産の価値を増加し、あるいは使用可能年数を延長させる費用は、当該固定資産の取得価額に算入する。
　　②　固定資産の現状を維持し、原能力を回復するための費用は、修繕費として処理する。

（長期大規模修繕）
第○条　長期大規模修繕にかかる費用の額は、その工事ごとに、その工事が完了したことを確認した上で、修繕費として処理する。
　　2．工事完了の確認については、特別の事情がない限り、施工業者から受け取る工事完了報告書の内容確認だけではなく、必ず現地での現状確認を行うものとする。

（証憑）
第○条　証憑とは、領収書、納品書、請求書、契約書、その他の書類で、会計伝票の正当性を立証するものをいう。
　　2．証憑と会計伝票は、月別に日付順の一連の番号を付すなどし、有機的関連のもとに整理保管する。

✓ 作成のポイント

(1) 長期大規模修繕の場合、工事完了を確認してから経理処理を行うことを定めます。
(2) 施工業者から受け取る見積書、契約書、報告書等は、証憑として保管することを定めます。また、会社で保管が必要な重要文書のうち、工事の施工業者が発行する書類は次のとおりです。

① 工事請負契約書
　　注文者が業者に工事を任せるというメインの書類で、注文者名（A社）、請負者名（施工業者）の他に、工事名、工期、請負金額等、工事に関する内容が記載されたものです。別途、請負契約約款で工事内容の詳細を記載する場合もあります。

② 写真付きの工事完了報告書
　　特に本事例のような改修工事の場合は、改修前、改修後それぞれの写真を日付入りで添付してもらうと、いつ、どこを、どのように直したのかが明確にわかります。

③ 請求書
　　簡単な内容の場合が多く、請求額と支払方法、支払期日が記載されています。

④ 見積書
　　契約を交わす前に発行されるもので、この金額で工事を行うかを判断することになります。少額修繕の場合、契約書を交わさず、この見積書のみが発行される場合があります。修繕が完了して請求書が発行されるまでの間は、合理的に算定できる金額として見積書の金額で処理することもできます。
　　また、請求書には「見積書のとおり」との記載のみで、工事の詳細内容が記載されない場合があるため、工事明細としての確認資料にもなります。

11 支払手数料

4-18 情報提供料の支払い

◆掲載規程等:顧客紹介に関する契約書

事例

　A社は、事務用備品の販売業を営んでいます。今回、A社社長の友人甲から新規顧客の紹介を受け、無事成約に至りました。

　そこで、A社社長から甲に対して顧客紹介に対する手数料を支払いたいと経理担当者に打診があったため、甲へ手数料を支払い、その支払いを顧客紹介業者への支払いと同様に情報提供料として支払手数料勘定で処理しました。

　なお、甲とA社の間には今まで事業上の付き合いはなく、甲は情報提供を職業としている者ではありません。また、手数料の金額については、A社が契約している顧客紹介業者への支払基準と同様に成約した売上金額の3％の額としましたが、あらかじめ甲との間で情報提供に関する契約を締結していないので、顧客紹介に関する手数料について甲に対して説明はしていません。

問題点

　甲への情報提供料の支払いが税務上の交際費に該当し、課税の問題が生じる可能性があります。税務上の交際費に該当する場合には、帳簿上は甲への支払いを情報提供料として支払手数料勘定で経理処理をしていたとしても、法人税の計算上、交際費等の損金不算入額の計算をする際に、その金額を計算に加えなければなりません。

第Ⅳ章　その他の経費に関する社内規程等

> 情報提供料が税務上の交際費に該当するか否かについては、その情報提供料の支払いが役務提供に対する正当な対価であるのか、単なる謝礼であるかにより判断されることになります。単なる謝礼と判断される場合は税務上の交際費に該当することになりますが、実務上、情報提供料の支払いが役務提供に対する正当な対価なのか単なる謝礼なのかの判断は非常に困難で税務上のトラブルを引き起こす原因となります。

1 税務の規定

　情報提供料等と交際費等との区分については、通達に次のように規定されています。

租税特別措置法関係通達61の4(1)−8（情報提供料等と交際費等との区分）

> 　法人が取引に関する情報の提供又は取引の媒介、代理、あっせん等の役務の提供（以下61の4(1)−8において「情報提供等」という。）を行うことを業としていない者（当該取引に係る相手方の従業員等を除く。）に対して情報提供等の対価として金品を交付した場合であっても、その金品の交付につき例えば次の要件の全てを満たしている等その金品の交付が正当な対価の支払であると認められるときは、その交付に要した費用は交際費等に該当しない。
> (1)　その金品の交付があらかじめ締結された契約に基づくものであること。
> (2)　提供を受ける役務の内容が当該契約において具体的に明らかにされており、かつ、これに基づいて実際に役務の提供を受けていること。
> (3)　その交付した金品の価額がその提供を受けた役務の内容に照らし相当と認められること。

　上記通達にもあるように、例えば、情報提供料の支払いが不動産仲介業を営んでいる個人や人材紹介業を営んでいる個人のように、情報提供を業務としている者に対して支払ったものであれば、その支払いは業務

に対する正当な対価であるとして交際費には該当しません。一方で、情報提供料の支払いが取引先の従業員に対して行ったものであれば、その支払いは謝礼として交際費に該当することになります（措通61の4(1)−15(9)）。

また、「あらかじめ締結された契約に基づくもの」とは、必ずしも個々の取引ごとに契約書の作成を要求しているものではありません。例えば、広く一般の人々から情報提供を募る場合には、広告等により情報提供料の支払基準が公表されていれば、その取引も契約に基づくものとして認められます。つまり、役務の提供をする側と受ける側が、あらかじめ役務の提供の内容とその支払基準についてお互いに合意していることが重要となります。

2 本事例の解決策

本事例では、甲に対する支払いは単なる謝礼として税務上の交際費に該当することとなりますが、情報提供料が役務提供に対する正当な対価であれば交際費とはなりません。また、正当な対価であるということは役務提供の内容とその対価との関係が明確であり、お互いにその内容について合意されていることが重要です。

そこで、特に個別的な情報提供料の支払いの場合には、あらかじめ契約書を作成しておくことで、お互いに契約内容について同意していることの証拠書類となるため、税務上のトラブルを未然に防ぐうえでより望ましい対策となります。

3 重要文書の作成ポイント

情報提供料に関する契約書を作成するうえで参考となるサンプル文書および作成のポイントは次のとおりです。

サンプル文書

顧客紹介に関する契約書

　○○○（以下「甲」）と×××株式会社（以下「乙」）とは下記の事項について合意した。

第1条　甲は乙に対して乙の顧客を紹介し、乙が成約するために必要な支援を行う。

第2条　乙は、前条の紹介を受け、成約した場合には、次の報酬を甲に支払う。
　　　　新規成約による乙の売上収入の3％相当額（消費税別途）

第3条　乙は、前条の報酬を成約の日の属する月の翌月までに、甲の指定する口座に振り込む方法により支払うものとする。

　以上の契約の証として、本契約書を2通作成し、甲乙記名捺印の上、各1通を保管する。

平成○○年○月○日
　　　甲　：　住　所
　　　　　　　氏　名　　　　　　　　　㊞

　　　乙　：　住　所
　　　　　　　氏　名　　　　　　　　　㊞

 作成のポイント

(1) 役務提供の内容はなるべく具体的に記載します。
(2) 支払う相手先ごとに報酬金額が変わっている場合や報酬金額が不相当に高額・少額な場合にはその支払いが謝礼であるとして交際費等とされる可能性があるため、社内で情報提供料に関する明確な支払基準を定め、その基準に従って報酬金額を決定します。

第Ⅴ章

営業外損益・特別損益に関する社内規程等

1 本章の概要

本章の「営業外損益・特別損益」は、会社の通常の営業サイクルから生じる損益以外の損益で、主に財務から生じる損益や臨時的な損益がその内容となります。

これらの項目のうち、特に臨時的な損益については発生する頻度があまり高くないことから、社内に合理的な基準が設けられていないことも多く、税務上のトラブルが生じやすい項目です。

2 各科目ごとにおける税務のポイント

1 固定資産除却損

固定資産除却損は、機械や車両等の固定資産が耐用年数を経過したことや陳腐化等の理由により不要となったため、その固定資産を除却することで生じる損失です。

この科目は、「その固定資産を本当に除却しているかどうか」、また「除却していたとしてもそれはいつなのか」の2点が問題となります。

前者については、特に現状有姿のまま除却する有姿除却の場合には、外形上除却しているかどうかが不明であるため、除却処理の是非をめぐって税務上のトラブルになるケースも多く、注意が必要となります。後者の除却の時期については、廃棄業者から廃棄証明書等を入手するなど除却の時期が明らかになるような客観的な証拠資料を入手する必要があります。

2 固定資産売却益

固定資産売却益は、会社が保有している固定資産を帳簿価額を上回る

金額で売却したことにより生じる利益です。

この科目でポイントとなるのは固定資産の売却金額です。固定資産を売却する相手方が第三者であるならば、市場の需給により売却金額が決定されるため、一般的に課税上の問題が生じることはありません。しかし、同族会社の役員と法人間の取引となると、両者が密接な関係にあることから売却金額に恣意性が介入しやすく、課税上の問題が生じることがあり、注意が必要となります。

3 投資有価証券評価損

投資有価証券評価損は、会社が保有している有価証券の価額が帳簿価額を下回った場合に、その帳簿価額を減額することにより生じる損失です。

法人税法では、会社が保有する上場有価証券等について一定の要件に該当していれば、損金経理処理により損金算入が認められています。そこで会社が計上した投資有価証券評価損が法人税法に規定する要件に該当しているか否かがこの科目のポイントとなります。特にその要件の1つである株価の回復可能性の判断については、それが将来の予測となるため、その判断の材料となった根拠資料等の整備が税務上のトラブルを回避するうえで重要となります。

1 固定資産除却損

5-1 固定資産の有姿除却

◆掲載規程等：稟議書

事 例

　電化製品の製造・販売を行っているA社は、既存の主力商品（以下「旧商品」）が市場での競争力がなくなってきたため、来期以降、旧商品の製造を中止して新たな商品を製造・販売することになりました。

　そこでA社では、この新たな商品の製造に伴い新しい製造機械を導入することになりました。一方で旧商品の製造機械については、今後使用する見通しがないことから解体・廃棄する方向で検討しました。しかし、手数料が高額であると見込まれるために現状のまま保有することになりましたが、検討の経緯等を文書で記録することはしませんでした。

　その後、A社では決算において、「固定資産を実際に廃棄しなくても除却処理は認められる」という経理担当者の意見により、旧商品の製造機械を廃棄することなく除却処理をすることにしました。

問題点

　固定資産について、現にその使用を廃止して、今後通常の方法により事業の用に供する可能性がないと認められるにいたったものについては、たとえ現状有姿のままであっても除却処理すること（以下「有姿除却」）が認められています。

　ただし、今後通常の方法により事業の用に供する可能性がない固定資産であるかどうかについては外形等から判断することはできないため、将来使用する可能性がないことを立証する証拠資料等がないと税務調査等でその除却処理の是非をめぐってトラブルが生じる可能性があります。

本事例でも、旧商品の製造機械について今後通常の方法により事業の用に供する可能性がないことを立証するための文書等の記録を整備していないため、単に外形だけを見ると有姿除却が認められるケースなのか否かの判断がつきません。このような状況のまま有姿除却をすすめると、将来、有姿除却の是非をめぐって税務上のトラブルが生じる可能性が残ります。

1 税務の規定

　使用を廃止した固定資産について、廃棄等を行っていない場合の有姿除却処理については、通達により次のようにその取扱いが示されています。

法人税基本通達7－7－2（有姿除却）

> 　次に掲げるような固定資産については、たとえ当該資産につき解撤、破砕、廃棄等をしていない場合であっても、当該資産の帳簿価額からその処分見込価額を控除した金額を除却損として損金の額に算入することができるものとする。
> 　(1)　その使用を廃止し、今後通常の方法により事業の用に供する可能性がないと認められる固定資産
> 　(2)　特定の製品の生産のために専用されていた金型等で、当該製品の生産を中止したことにより将来使用される可能性のほとんどないことがその後の状況等からみて明らかなもの

2 本事例の解決策

　本事例では、旧商品の製造機械について今後使用する見通しがないと判断を下していること、さらに本来ならば解体・廃棄する方向で検討をすすめていた経緯から考えても、前述の法人税基本通達7－7－2(1)の固

定資産に該当し、有姿除却が認められると考えられます。そこで、これらの判断を行った検討の経緯を示す文書等の証拠資料を残しておけば有姿除却の是非に関する無用なトラブルを避けることができるはずです。

なお、証拠資料となる文書等としては取締役会議事録や稟議書等がありますが、ここでは稟議書について紹介します。

3 重要文書の作成ポイント

固定資産の有姿除却を行う場合の稟議書を作成するうえで参考となるサンプル文書および作成のポイントは次のとおりです。

サンプル文書

稟議書						
稟議番号	決裁年月日			起案年月日	起案者
【決裁】					
社長					
社長以外					
件名	旧商品の製造機械の有姿除却について				

１．申請事項
　標記について以下のとおり廃棄を実施いたしたく申請します。
　① 除却する機械設備
　　旧商品の製造機械（物件番号○○番）
　② 実施時期
　　本件決裁後直ちに除却する。

③ 処分見込価格
　　○○円（別紙見積書）
④ 除却損の金額
　　○○円
２．事由
　○○商品については、市場での競争力を失っており、来期以降は○○商品に代わる××商品を製造・販売します。このため○○商品の製造機械は今期○月末日をもって使用が廃止されており、又、技術的な問題から他の用途に転用することもできません。そのため、今後通常の方法により事業の用に供する可能性はないと考えられます。
　本来ならば解体・廃棄としたいところですが、そのための手数料が○○円と高額であり、又、幸いにも工場には機械を保有するための空きスペースもあることから、現状有姿のまま除却いたしたく申請いたします。

以上

✓ 作成のポイント

(1) 除却損として計上できるのは、帳簿価額から処分見込価額を控除した金額なので、処分見込価額も記載してください。
(2) 今後通常の方法により事業の用に供する可能性がないことについての事由を詳細に記載する必要があります。

第Ⅴ章　営業外損益・特別損益に関する社内規程等

2 固定資産売却損益

5-2 社長への売却と売却金額の妥当性

◆掲載規程等：取締役会議事録

事例

　A社は取締役会を設置している同族会社ですが、取締役はすべて親族で構成されています。

　今期A社では、会社が所有している営業用車両の車検時期が近づいていることもあり、新しい車両の購入を予定しています。また新車両の購入に伴って旧車両を売却することになりましたが、当社の代表取締役社長が旧車両の購入を希望していたため、社長へ売却することにしました。

　なお、車両の売却金額は120万円ですが、これは車両の帳簿価額が100万円であったため、「会社に損害を与えていないから問題ない」という社長の独断により決定したものであり、旧車両の中古車市場での買取り査定額は150万円でした。

　会社の決算では、帳簿価額100万円と売却額120万円の差額20万円を固定資産売却益として処理しました。

問題点

　会社が取引を行う場合において、第三者との取引であれば市場での需給のバランスによって取引金額が決定されるため、その取引金額で売買処理をしていれば、一般に課税上の問題が生じることはありません。

　しかし、同族会社の役員と法人間の取引では、両者が密接な関係にあることから取引金額に恣意性が介入しやすく、本事例のように市場での取引金額、すなわち時価と乖離した金額で取引されることがあります。このような場合には課税上でいくつかの問題が生じます。

特に資産を時価未満の金額で役員に売却した場合には、時価と売却金額の差額分は経済的利益として、その役員の給与等の収入金額とされ所得税等の課税を受けてしまいます（所法36①、法基通9－2－9）。さらに、法人においても、給与所得の源泉義務が発生するとともにその経済的利益の金額は、代表取締役に対する臨時的な給与に該当するため法人税の計算上損金不算入となってしまいます（所法183、法法34①）。

本事例では、時価が150万円、売却金額が120万円となっているので、差額の30万円が経済的利益として所得税の課税の対象となり、法人税の計算上は同額が損金不算入となります。

また、本事例における取引は会社法上の問題も生じます。取締役が会社と自己または第三者のために直接取引をする行為は、利益相反取引に該当し、事前に取締役会での承認が必要となり、取引後も遅滞なくその取引についての重要な事実を取締役会に報告する必要があります。

本事例では、社長の独断により取引をすすめており、事前に取締役会等の承認を受けていないことも問題となります（会社法356、365）。

1 税務の規定

法人税法第34条第4項には、一定の経済的な利益については役員の給与に含まれる旨が示されています。また、法人税基本通達9－2－9には、その経済的な利益の例示として、役員等に対して所有資産を低い価額で譲渡した場合におけるその資産の価額と譲渡価額との差額に相当する金額が経済的な利益に該当する旨が示されています。

取締役の利益相反取引については、会社法で次のように定めています。

会社法第356条第1項

> 取締役は、次に掲げる場合には、株主総会において、当該取引につき重要な事項を開示し、その承認を受けなければならない。

> 一　（省略）
> 二　取締役が自己又は第三者のために株式会社と取引をしようとするとき。
> 三　株式会社が取締役の債務を保証することその他取締役以外の者との間において株式会社と当該取締役との利益が相反する取引をしようとするとき。

会社法第365条

> 取締役会設置会社における第356条の規定の適用については、同上第1項中「株主総会」とあるのは、「取締役会」とする。
> 　2　取締役会設置会社においては、第356条1項各号の取引をした取締役は、当該取引後、遅滞なく、当該取引についての重要な事実を取締役会に報告しなければならない。

2　本事例の解決策

　本事例で問題となるのは、車両を時価である150万円より低い価額である120万円で社長へ売却していることです。したがって、時価である150万円で取引を行っていれば課税上の問題が生じることはありませんでした。

　しかし、そもそもこのような問題が生じてしまう背景には、取締役会が形骸化しており、社内におけるチェック機能が十分に効果を発揮していないことが原因の1つであると考えられます。そこで取締役会を定期的に開催し、社内におけるチェック機能を強化すれば、今回に限らず同様のトラブルも未然に防ぐことができます。

　なお、本事例の場合には、車両の売却に関する事実を記載した書面を添付して取締役会議事録を作成しておくことが望まれます。

2 固定資産売却損益

3 重要文書の作成ポイント

　利益相反取引を行う場合の取締役会議事録を作成するうえで参考となるサンプル文書および作成のポイントは次のとおりです。

サンプル文書

取締役会議事録

　平成○○年○月○日午前○○時○分より本店において、取締役会を開催した。

　　取締役総数　　○名　　　　　出席取締役　　○名
　　出席取締役
　　　取締役　　○○　　○○（議長兼議事録作成者）　取締役　　○○　　○○
　　　取締役　　○○　　○○

　上記のとおり出席があったので、定刻、取締役○○は選ばれて議長となり、開会を宣し直ちに議事に入った。なお、特別利害関係人にある取締役××は、本取締役会の決議には参加しなかった。

議案　取締役の利益相反取引承認の件

　議長は、当会社が所有する下記車両を当会社の取締役××へ売却する件について、承認を求めた旨を提案し説明したところ、慎重なる協議の結果、全会一致をもって承認した。

記

　　売買契約日：　平成○○年○月○日
　　売買代金　：　金　○○万円
　　車両名　　：　○○

251

```
        登録番号   :  ○○
        型式      :  ○○
        車台番号   :  ○○
```

　以上をもって本取締役会の議案全部を終了したので、議長は閉会の挨拶を述べ、午前○○時○分散会した。
　上記の決議を明確にするため、この議事録を作成し、議長並びに出席取締役が次に記名押印する。

平成○○年○月○日
○○株式会社　取締役会
議長取締役　　○○　○○（会社実印）　　　出席取締役　　○○　○○（個人印）
出席取締役　　○○　○○（個人印）

 作成のポイント

(1) 利害関係のある取締役は決議に参加できないので注意が必要です。
(2) 取引の判断材料となる資料を添付します。

3 投資有価証券評価損

5-3 株価が回復する可能性の判断

◆掲載規程等：有価証券管理規程

事例

当社は長期保有目的でＡ社株式（上場株式）を1,000株所有しています。しかし、このＡ社株式の株価（時価）は、取得時に比べて大幅に下落しており、株価の推移をみてみると、取得時には1株1,200円でしたが、前期末では1株800円、当期末では1株500円にまで下落しています。

当社の有価証券管理規程では、「その事業年度終了の時における株価が取得価額のおおむね50％を下回ることとなった場合には評価損を計上する」と規定されていたため、経理担当者は、決算処理として投資有価証券評価損70万円を計上しました。

問題点

法人税法では、法人の有する上場有価証券等（取引所売買有価証券、店頭売買有価証券、取扱有価証券およびその他価格公表有価証券（いずれも企業支配株式に該当するものを除く））の価額が著しく低下したことにより、その上場有価証券等の価額が帳簿価額を下回った場合には、損金経理処理によりその上場有価証券等の帳簿価額を減額することを要件として、時価と帳簿価額との差額に達するまでの金額は有価証券評価損として損金算入が認められています（法法33②、法令68①二イ）。

ここで注意しなければならないのは、上場有価証券等の価額が著しく低下したかどうかの判定についてです。この判定の内容については、後ほど詳しく触れますが、税務上、「価額が著しく低下したこと」については株価の下落だけではなく、近い将来にその株価回復の見込みがないこと

も要件とされています。

　本事例では、取得時に1株1,200円であった株価が当期末では1株500円にまで下落しています。たしかに株価だけを見れば大幅に下落しているといえますが、もう1つの要件である株価回復の見込みについては検討されていません。これでは税務上の要件を満たしているとはいえないため、将来、税務調査等で投資有価証券評価損が否認されてしまう可能性があります。

1 税務の規定

　上場有価証券等の著しい価額低下の判定については、次の通達にその取扱いが示されています。

法人税基本通達9－1－7（上場有価証券等の著しい価額の低下の判定）

> 「有価証券の価額が著しく低下したこと」とは、当該有価証券の当該事業年度終了の時における価額がその時の帳簿価額のおおむね50％相当額を下回ることとなり、かつ、近い将来その価額の回復が見込まれないことをいうものとする。

　この通達によると、有価証券評価損の損金算入が認められるためには、株価の回復可能性について検証を行い、その検証の結果、近い将来その株価の回復が見込まれないことが要件となります。それでは、どのような状況であれば「近い将来その価額の回復が見込まれない」といえるのでしょうか。

　この株価の回復可能性についての判断基準は、平成21年4月に国税庁から公表された「上場有価証券の評価損に関するQ＆A」の［Q1］に対する解説の中で次のように示されています。

3 投資有価証券評価損

国税庁「上場有価証券の評価損に関するQ&A」の[Q1]解説より抜粋

> 　株価の回復可能性の判断のための画一的な基準を設けることは困難ですが、法人の側から、過去の市場価格の推移や市場環境の動向、発行法人の業況等を総合的に勘案した合理的な判断基準が示される限りにおいては、税務上その基準は尊重されることになります。
> 　（中略）
> 　なお、法人が独自にこの株価の回復可能性に係る合理的な判断を行うことは困難な場合には、発行法人に係る将来動向や株価の見通しについて、専門性を有する客観的な第三者の見解があれば、これを合理的な判断の根拠のひとつとすることも考えられます。
> 　具体的には、専門性を有する第三者である証券アナリストなどによる個別銘柄別・業種別分析や業界動向に係る見通し、株式発行法人に関する企業情報などを用いて、当該株価が近い将来回復しないことについての根拠が提示されるのであれば、これらに基づく判断は合理的な判断であると認められるものと考えられます。

2 本事例の解決策

　本事例では、取得時の株価が1株1,200円であり、事業年度終了時の株価は1株500円になっているため、取得時の価額のおおむね50％相当額を下回るという要件は満たしています。後は将来の株価回復の見通しについての検証を行い、株価の回復が見込まれないことが確認できれば税務上の要件をすべて満たし、投資有価証券評価損を損金算入することができます。

　本事例では、経理担当者が株価のみを判断材料として投資有価証券評価損を計上していますが、これはそもそも会社の有価証券管理規程が評価損の計上において株価の下落についてだけしか規定していないことが原因です。税務上のトラブルを未然に防ぐためにも、税務上の要件を満たすように有価証券管理規程を整備する必要があります。

社内規程の作成ポイント

有価証券管理規程を作成するうえで参考となるサンプル規程および作成のポイントは次のとおりです。

サンプル規程

有価証券管理規程

（決算）
第○条　決算にあたっては、保有する有価証券の評価額は、保有目的ごとにそれぞれ次に掲げるものとする。
　　① 売買目的有価証券………事業年度終了時の時価
　　② 売買目的外有価証券……取得原価
2．売買目的外有価証券であっても、その事業年度終了の時における価額が取得価額のおおむね50％を下回ることとなった場合には株価の回復可能性を検討し、近い将来において株価の回復の見込みがないときは、評価損を計上し、事業年度終了時の価額により評価する。

 作成のポイント

(1) 有価証券の保有目的については、別途規程を設けて明確にしておきます。
(2) 会社の規模に応じて、税法以外にも金融商品会計基準も参考に規程を作成します。

税理士法人 熊谷事務所

- ●主な業務内容
  - ・法人の決算申告・組織再編
  - ・オーナー会社の事業承継対策
  - ・個人の確定申告
  - ・特殊な法人に関する業務
  - ・相続対策・相続税・贈与税の申告など
- ●沿革
  - ・昭和51年1月　神田中央ビルに事務所開設
  - ・平成15年1月　税理士法人に改組、現在に至る
- ●事業所所在地
  - 〒101-0051
  - 東京都千代田区神田神保町2-14　SP神保町ビル10階
  - TEL：03-3230-0077　　FAX：03-3230-0070
  - URL：http://www.kumagai-jimusho.com
- ●代表者
  - 会長　熊谷 安弘
  - 所長　吉岡 幸治

《執筆者》

熊谷 安弘	吉岡 幸治	力石 広志	鹿志村 裕	熊谷 洋平
松田 哲裕	大越 通宏	清水 智美	村永 一幸	野木 玄
黒部 豪				

同族会社の税務トラブルを防止する！ 社内規程等の作成と改定

2017年2月1日　発行

編著者	税理士法人　熊谷事務所 Ⓒ
発行者	小泉　定裕
発行所	株式会社 清文社　東京都千代田区内神田1-6-6（MIFビル） 〒101-0047　電話 03(6273)7946　FAX 03(3518)0299 大阪市北区天神橋2丁目北2-6（大和南森町ビル） 〒530-0041　電話 06(6135)4050　FAX 06(6135)4059 URL http://www.skattsei.co.jp/

印刷：倉敷印刷㈱

- ■著作権法により無断複写複製は禁止されています。落丁本・乱丁本はお取り替えします。
- ■本書の内容に関するお問い合わせは編集部までFAX（03-3518-8864）でお願いします。

ISBN978-4-433-64246-4